학생이 학교를 안 나와요

학생이 학교를 안 나와요

초판 1쇄 인쇄 2016년 12월 5일
2 쇄 발행 2022년 12월 15일

지은이 김성기 외 6인
발행인 송정현
발행처 (주)애니클래스
기획·편집 최종삼
디자인 황수진

주소 서울 금천구 가산디지털2로 123 월드메르디앙벤처센터2차 904호
도서구매문의(연락처) 070-8610-5350

출판신고일 2015년 8월 31일
등록번호 제2015-000072호

ISBN 979-11-957733-5-0 03330
Copyright 2016 by anyclass Co.,Ltd.

학업중단 예방과 위기학생 지도

학생이
학교를 안 나와요

김석제 · 김성기 · 이경선 · 이덕난 · 이명균 · 정제영 · 황준성 지음

@ny class

제4장 위탁교육제도

제5장 위기학생 상담과 지도

제6장 외국 사례

제7장 학업중단의 전망과 과제

제1장

학업중단의
현황

1. 학업중단의 문제와 개념

가. 우리나라 교육의 장점

1) 세계 최고 수준의 상급학교 진학률('15)

초등학교 취학률	98.5
중학교 취학률	99.9
고등학교 취학률	99.7
대학교 취학률	70.9

국민 평균 교육년 수의 증가세가 지속되고 있다.

항목		1980	1985	1990	1995	2000	2005	2010
전체		7.6	8.6	9.5	10.3	10.5	11.2	11.6
성별	남자	8.7	9.7	10.6	11.2	11.5	12.1	12.4
	여자	6.6	7.6	8.6	9.4	9.8	10.5	10.9

2) 국제 학업성취도 평가 결과 : 세계 최고 수준

- PISA 결과(OECD)

읽기	6위('00) → 2위('03) → 1위('06) → 2~4위('09) → 3~5위('12)
수학	2위('00) → 3위('03) → 1~4위('06) → 3~6위('09) → 3~5위('12)
과학	1위('00) → 4위('03) → 7~13위('06) → 4~7위('09) → 5~8위('12)

• TIMSS 결과(IEA)

수학(초4)	2위('95) → 2위('11)
수학(중2)	3위('95) →2위('99) → 2위('03) → 2위('07) → 15위('11)
과학(초4)	1위('95) → 1위('11)
과학(중2)	4위('95) →5위('99) → 3위('03) → 4위('07) → 3위('11)

나. 학업중단의 문제

1) 현재 학교에서 관찰되는 부정적인 모습

현재 학교에서는 학업성적이 가장 우선시 되고 있고, 친구끼리 서로 경쟁하며, 소수의 성적 우수 학생만 꿈을 이루는 모습이 관찰되고 있다. 적지 않은 수의 학생이 실패를 경험하고, 많은 학생들이 불행하게 생활하고 있으며, 지역사회와 분리되어 섬처럼 존재하는 부정적인 모습이 관찰되고 있다. 그러나 학업중단 문제에 대한 심각성 인식은 부족한 상황이다.

2) 학교 밖 청소년 추정 인원(단위: 명)

구분	인원
해당 연령 인구(A)	7,126,098
재학 학생(B)	6,721,176
학교 밖 청소년(C=A-B)	404,922
해외유입 인구(D)	6,914
기타 학제 학생 수(E) (특수학교, 공민학교, 각종학교, 방송통신고등학교 등)	50,231
기타 사유 학생수(F) (평생교육시설, 미인가대안교육시설, 유학, 이민, 보호관찰, 소년원, 소년교도소, 장기입원자 등)	83,345
소재가 파악되지 않는 학교 밖 청소년(C+D-E-F)	278,260

3) 학업중단 학생 개인의 문제

학업중단 학생은 개인적으로는 건전한 사회인으로 성장하기 어렵다는 문제가 있다. 하업중단 학생 중에서 "부적응형"의 문제로는 불안감으로 노동시장 진입이 어렵고, 유흥업소, 성매매 · 성폭력, 가출, 폭력, 비행, 사회적 범죄 등에 연루될 확률이 높아진다는 문제가 있다. 고등학교 중퇴 시에 8,142만원의 생애소득이 감소된다.

4) 사회적 측면의 손실

학업중단 학생으로 인한 사회적 측면의 손실은 저출산 고령화 사회에서 생산가능인구가 급격하게 감소하게 되고, 학업중단 학생 1인당 약 1억 원의 사회적 비용이 발생한다는 점을 들 수 있다. 성적이 우수한 학생에게만 관심을 가지고 있고, 학교 밖 청소년에 대한 체계적 시스템이 미비하여, 학교 밖 청소년이 28만 명에 이르고 있다. 이들은 의무교육단계의 학생으로서 누려야 할 교육기회를 박탈당하고, 관리 부재 시 사회적 문제로 발전할 가능성이 있으며, 사회 진출 시 재교육의 사회적 비용 발생한다는 문제가 있기 때문에, 학교중단 예방에 대한 많은 관심이 필요하다.

다. 학업중단 청소년의 개념

1) 학업중단

학업중단과 관련하여, 학업중단 청소년, 학교 밖 청소년, 학교거부 중도탈락 등 학계, 법조계, 교육계 등 주체에 따라 다양한 용어가 혼재되어 사용되는 문제가 있기 때문에 학업중단의 개념에 대한 명확한 규정이 필요하다.

2) 학업중단 용어 변천

과거에는 '학교 거부' 또는 '학교중도탈락' 등의 용어가 주로 사용되어 왔다. 2001년 교육인적자원부(현 교육부) 장관이 주재하는 인적자원개발회의에서 '학업중단 청소년 종합대책 수립 계획'이 안건으로 상정되었고, 2002년 교육인적자원부에서 공식적으로 '학업중단 청소년'이라는 용어가 사용되었다. 2003년 개정된 「청소년기본법」 제42조에 '학업중단'을 공식 용어로 규정함으로써 용어가 통일되었다.

3) 학교 밖 청소년

학교 밖 청소년은 일반적으로 만 19세 미만의 학령기 아동으로서 학교를 다니지 않는 청소년, 즉, 학업중단자를 지칭한다. 실제로는 '미취학자', '재학 중 학업중단자', '미진학자'를 모두 포함하는 개념으로 볼 수 있다.

「초·중등교육법」 제2조의 고등학교 또는 이와 동일한 과정을 교육하는 학교에서 제적·퇴학 처분을 받거나 자퇴한 청소년과, 초등학교 또는 이와 동일한 과정을 교육하는 학교에 취학하지 않은 청소년, 중학교·고등학교 또는 이와 동일한 과정을 교육하는 학교에 입학하지 않은 청소년을 학교 밖 청소년이라고 한다. 즉, 학교 밖 청소년은 미취학, 미진학, 학업중단의 이유로 학교에 다니지 않는 청소년인 것이다.

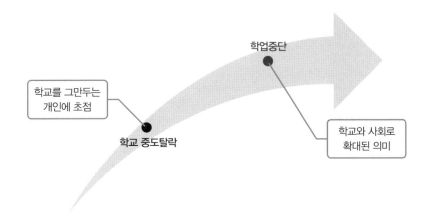

학교 밖 청소년은 학교를 그만두는 개인에 초점을 맞추었을 때는 '학교 중도 탈락'으로 볼 수 있고, 학교와 사회로 확대된 의미에서 보면 '학업중단'으로 볼 수 있다. 학업중단은 학교를 그만두는 것이 개인의 결정이지만 이를 예방할 수 있는 학교와 사회적 제도의 중요성을 점차 강조하는 것이다.

4) 위기 청소년

위기청소년은 일련의 개인·환경적 위험에 노출되어 행동·심리적으로 문제를 경험할 가능성이 높으며 적절한 개입 없이는 정상적인 발달을 이루기 어려운 상황에 있는 청소년으로, 가출, 학업중단 및 실업, 폭력, 성매매, 약물오남용 등의 비행 및 범죄, 불안, 우울 등 심리적 장애, 자살의 위험이 높은 청소년들을 의미한다(구분용 외, 2005). 위기청소년들의 위험행동을 제어해줄 수 있는 중요한 보호요인으로서 학교라는 제도적 장치가 중요하게 고려되고 있다(차명호 외, 2009). 위기 청소년은 학교 안과 밖에 모두 존재한다.

5) 학업중단 청소년

학업중단 청소년은 자발적 혹은 비자발적 상황으로 인해 학업을 중단하는 것으로 학업을 계속하고 싶지만 외부조건이 여의치 않거나, 학교부적응, 비행 및 범죄 등 일탈적 행위에 의해 학교를 그만두는 상황을 모두 포함하는 포괄적인 개념이다(김민, 2001; 이경상, 2004). '학업중단'은 '자퇴, 퇴학, 제적으로 인하여 학교의 정규 교육과정을 중단하는 행위'이며, '학업중단 청소년'은 '정규학교 재학을 중단하여 현재 학교 밖 청소년이 된 경우'를 의미한다(정제영 외, 2013). 학업중단 청소년은 학교 밖 청소년에 포함된다.

6) 학업중단 위기 학생

청소년 및 학업중단 위기학생 개념도는 아래 그림과 같다.

청소년

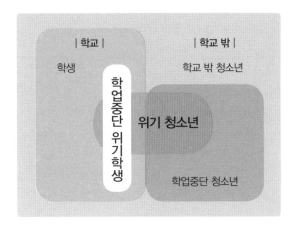

학업중단 위기 학생은 학교에 재적하고 있는 학생 가운데 제적이나 자퇴를 명목으로 학업중난 청소년이 될 가능성이 높은 학생을 말한다. 우리의 관심은 학업중단 위기 학생을 사전에 찾아내어 예방과 개입 활동을 하는 것에 있다.

7) 개념 구분의 의의

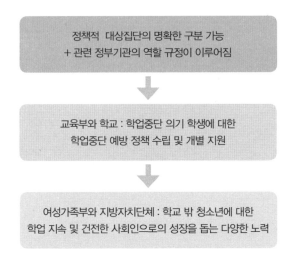

개념 구분의 의의는 정책적 대상 집단을 명확하게 구분할 수 있고, 관련 정부기관의 역할이 규정된다는 점에 있다. 개념이 명확하게 구분됨에 따라, 교육부와 학교는 학업중단 위기 학생에 대한 학업중단 예방 정책을 수립하고 개별 지원을 하는 역할을 맡게 되었고, 여성가족부와 지방자치단체는 학교 밖 청소년이 학업을 지속할 수 있도록 그리고 건전한 사회인으로 성장할 수 있도록 돕는 다양한 노력을 하게 되었다.

라. 학업중단 예방의 초점

학생별 예방 방법은 일반 학생, 학업중단 위기학생, 학업중단 청소년에 따라 달라진다. 일반학생의 경우에는 학업중단의 일반적 예방 교육과 학교생활 부적응 학생, 위기 청소년에 대한 조기 개입이 필요하다. 학업중단 위기학생의 경우에는 학업중단 위기학생을 조기에 발견하고, 학업중단의 현황과 사유, 원인에 대한 이해가 필요하며, 학업중단 위기의 원인에 따른 개입과 지원이 요구된다. 학업중단 청소년에 대해서는 학업중단 청소년의 생활을 이해하는 것이 필요하고, 학업중단 청소년의 유형에 따른 맞춤형 지원이 필요하다.

일반 학생	학업중단 위기학생	일반 학생
• 학업중단의 일반적 예방 교육 • 학교 생활 부적응 학생, 위기 청소년에 대한 조기 개입	• 학업중단 위기학생의 조기 발굴 • 학업중단의 현황과 사유, 원인의 이해 • 학업중단 위기의 원인에 따른 개입과 지원	• 학업중단 청소년의 생활 이해 • 학업중단 총소년의 유형에 따른 맞춤형 지원

2. 학업중단의 현황과 문제

가. 우리나라 학업중단 현황

1) 초등학교 장기결석 학생 전수조사 실시('15~'16)

부모에 의한 아동 학대 등 학업중단 학생의 문제가 노출되면서 11살 여아 학대 사건 이후, '장기결석학생 전수조사'가 시작되었다. 전수조사 결과, 사망한 지 1년 가량 된 백골 상태 시신이 발견되기도 했다.

2) 학업중단 학생에 대한 현황 조사(교육부, 2015)

학업중단 학생에 대한 현황 조사 결과, 초·중·고 재적학생 총 6,285,792명('14.4.1 기준) 중 2014학년도 학업중단 학생은 총 51,906명이었고, 재적학생 수 기준 학업중단율은 0.83%으로 전년 대비 8,662명(14.3%) 감소한 것으로 나타났다. 학업중단 학생 비율은 2010학년도에 1.06%로 나타난 이후 지속적으로 감소 추세에 있다.

2014년 학교급별 학업중단 학생 수는 초등학교 14,886명, 중학교 11,702명, 고등학교 25,318명으로 나타났다. '13년 대비 초등학교 1,022명(6.42%), 중학교 2,576명(18%), 고등학교 5,064명(16.7%)이 각각 감소하고 있는 추세를 보이고 있다. 학교급별 학업중단 학생 수를 통해 고등학교 단계의 학업중단이 가장 높음을 알 수 있다.

특히 질병, 해외출국을 제외한 학교 부적응, 가정 사정, 대안교육 및 검정고시 등 부적응 사유에 의한 학업중단 학생 수는 총 28,502명으로, 전체 학업중단 학생 수와 마찬가지로 전년도 대비 5,927명(17.2%)이 감소하여 실질적인 학업중단율은 0.45%로 집계 되었다. 중고등학생의 경우, 학업관련 학교부적응이 큰 비중을 차지하고 있었다.

부적응으로 인한 학업중단이 20명 이상 발생한 고등학교는 222교로 '13년도(332교)에 비해 110교 감소하였고, 50명 이상 발생한 고등학교의 경우 27교로 전년도(39교)보다 12교 감소하였다. '14년도에는 학업중단 학생 100명 발생 고교가 없는 것으로 나타나('13년도 5개교) 다수 발생 고교 수도 지속적으로 감소하였다. 이를 통해 대체적으로 학업중단 학생이 감소하고 있음을 알 수 있다.

고등학교의 계열별 학업중단자 현황은 아래와 같다.

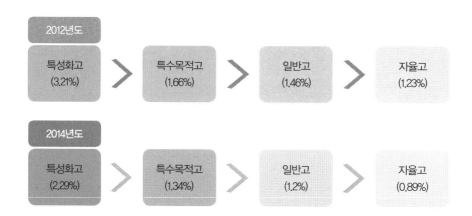

3) 해외 주요국가의 학업중단 비율

미국	독일	일본
7.4%(2010)	6.9%(2010)	1.3%(2011)

학업중단 비율은 우리나라가 상대적으로 낮은 수준이나 학력중시 문화로 인해 학업중단 학생 문제가 보다 문제시 되고 있다.

4) 전국 초·중·고등학교 학업 중단율 추이(5개년)

전국 초·중·고등학교 학업 중단율은 2012학년도까지는 1% 내외를 유지하였지만, '13학년도부터는 1% 이내로 감소하였다.

구분	재적 학생수	학업 중단자	학업 중단율
2014	6,285,792	51,906	0.83%
2013	6,481,492	60,568	0.93%
2012	6,721,176	68,188	1.01%
2011	6,986,847	74,365	1.06%
2010	7,236,248	76,589	1.06%

5) 초등학교 학업 중단율 추이(5개년)

구분	재적 학생수	학업 중단자	학업 중단율
2014	2,728,509	14,886	0.55%
2013	2,784,000	15,908	0.57%
2012	2,951,995	16,828	0.57%
2011	3,132,477	19,163	0.61%
2010	3,299,094	18,836	0.57%

6) 중학교 학업 중단율 추이(5개년)

구분	재적 학생수	학업 중단자	학업 중단율
2014	1,717,911	11,702	0.68%
2013	1,804,189	14,278	0.79%
2012	1,849,094	16,426	0.89%
2011	1,910,572	17,811	0.93%
2010	1,974,798	18,866	0.96%

7) 고등학교 학업 중단율 추이(5개년)

1,943,798	재적 학생수	학업 중단자	학업 중단율
2014	1,839,372	25,318	1.38%
2013	1,893,303	30,382	1.60%
2012	1,920,087	34,934	1.82%
2011	1,943,798	37,391	1.92%
2010	1,962,356	38,887	1.98%

8) 전국 초 · 중 · 고 학업 중단율

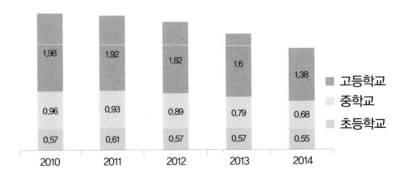

나. 학업중단과 학업중단 위기학생

1) 학업중단의 위험성

학교를 벗어날 경우 학생들은 교육적 혜택에서 배제되고, 비행이나 범죄 등 위험 요인에 그대로 노출되기 때문에, 학생들의 학업중단 예방뿐만 아니라 학업중단 이후의 삶 관리, 복교 및 취업 지원이 요구된다. 학업중단 학생을 포함한 학교 밖 청소년 지원에 대한 정책적 관심, 실무자의 전문성 강화 등 실효성 높은 예방책 및 법률과 정책의 개선이 필요하다.

2) 학업중단 위기학생

학교 안에 존재하는 학생이지만, 언제든지 학교 밖 청소년이 될 수 있는 '가능성이 있는' 학업중단 위기학생의 심각성이 대두되고 있다. 학교에 재학 중인 학생의 51%가 학업중단 위기를 경험하고 있고(김옥엽 외, 2004), 학교를 그만두기까지 걸리는 시간은 1주일 이내이다.

| 학업중단 위기학생에 대한 보호 대책이 시급 | + | 학교와 사회, 정부 등 각계의 적극적 개입과 노력 필요 |

다. 학업중단 위기학생 실태

1) 학업중단 위기학생의 규모 추정

초등학생	중학생	고등학생
28.8%	40.9%	48.6%

초·중·고 학생 전체의 40.3%가 학교를 그만두고 싶다는 생각을 경험하고 있다. 학생들이 학교를 그만두고 싶다고 생각한 이유는 학업성적, 학교생활에 흥미 부족, 친구관계의 어려움 등으로, 단순히 학교를 그만두고 싶은 학생 모두를 학업중단 위기학생으로 진단할 수는 없다.

2) 학업중단 위기학생 비율(윤철경 외, 2013)

학교에 재학 중인 학생 중 위기행동을 하거나 위기상황에 노출된 위기학생의 비율 확인한 결과, 위기학생은 전체 재학생 중 23.9%로, 고위기 학생은 4.5%(335,122명), 잠재위기학생으로서 준위기 학생은 19.4%(1,444,749명)로 나타났다.

집단 유형별 고위기 학생의 비율을 비교한 결과는 다음과 같다.

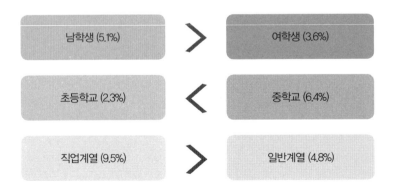

지역적 특성에 따른 고위기 학생 비율을 비교한 결과는 다음과 같다.

가정 특성에 따른 고위기 학생 비율을 비교한 결과는 다음과 같다.

　일반학생에 비해 고위험 행동을 할 가능성이 현저히 높은 위기학생을 제어시키기 위한 학교의 긍정적 경험과 학교 차원의 보호 노력이 중요하다.

학습하기

3. 학업중단의 사유

가. 학업중단 현황 조사 결과

1) 학업중단학생 사유별 현황 조사(교육부, 2015)

2014학년도, 2015.4.1. 기준으로 학업중단학생에 대한 전수 조사가 실시되었다. 정부 차원에서 의무교육 단계인 초등학교와 중학교, 고등학교(특수교육 대상자 포함)의 학업중단자에 대해 전체 현황 및 사유를 조사한 것으로, 2014년부터는 부적응 사유에 대한 학업중단 학생 수를 별도로 조사하여 실질적 학업중단율 확인이 가능하게 되었다는 의의가 있다. 이는 질병, 해외출국을 제외하고, 학교부적응, 가사, 대안교육 및 검정고시, 장기결석 등만 집계한 것이다.

교육부가 분류하고 있는 학업중단학생의 주요 사유는 장기결석(행방불명 및 가출), 가정사정, 품행, 학교부적응(학업관련, 대인관계, 학교규칙, 기타 부적응), 정규교육 외 진로선택(대안교육), 기타, 면제 등이 있다. 퇴학이 가능한 고등학교의 경우, 학교폭력, 학칙위반 사유와 제적 등의 사유가 추가적으로 조사되었으며, 고등학교의 경우, 유예와 면제는 해당되지 아니한다.

2013년까지는 장기결석으로 인한 유예자를 세부사유 구분 없이 모두 장기결석으로 분류하였으나, 2014년도부터는 가사, 품행, 부적응 등 세부사유로 별도 분류하여 사유의 구체성을 높여 조사하였다. 면제는 취학의무가 완전히 면제되는 경우(질병, 해외출국, 기타)를 말하고, 유예는 취학의무를 일시적으로 보류하는 경우(질병, 장기결석, 미인정 유학, 기타)를 말한다.

부적응으로 인한 학업중단학생의 구체적 사유는 초등학생의 경우, 정규교육 외 진로선택(대안교육)이 1,507명(전체 2,777명)으로 가장 많았고, 중학생과 고등학생의 경우에는, 학교부적응이 각각 2,877명(전체 5,476명), 9,781명(전체 20,249명)으로 가장 높았다. 특히, 중고등학생은 학업관련 학교부적응이 각각 1,264명, 5,232명으로 조사되어 학업 부담이 학업중단에 미치는 영향이 큰 것으로 나타났다.

2) 초등학교의 학업중단자 사유(14,886명 대상)

초등학교 전체 학업중단자는 유예와 면제 학생 수의 합계로, 초등학생 학업중단 주요 사유는 아래와 같다.

초등학생 학업중단 주요 사유

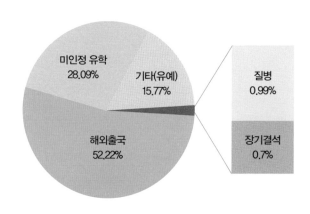

초등학교 학업중단자 유예의 기타 세부사유별 현황은 다음과 같다.

기타 세부사유 현황

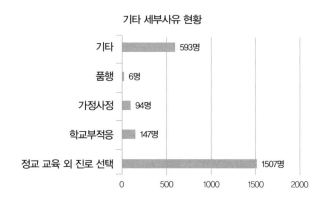

3) 중학교의 학업중단자 사유(11,702명 대상)

중학교 전체 학업중단자는 유예와 면제 학생 수의 합계로, 조등학생의 학업중단 주요 사유는 아래와 같다.

중학생 학업중단 주요 사유

기타(유예)
44.33%

질병
3.74%

미인정 유학
31.38%

해외출국
18.01%

장기결석
1.30%

중학교 학업중단자 유예의 기타 세부사유별 현황은 다음과 같다.

기타 세부사유 현황

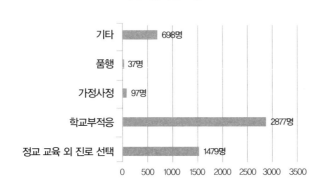

기타 698명

품행 37명

가정사정 97명

학교부적응 2877명

정교 교육 외 진로 선택 1479명

0 500 1000 1500 2000 2500 3000 3500

4) 고등학교의 학업중단자 사유(25,318명 대상)

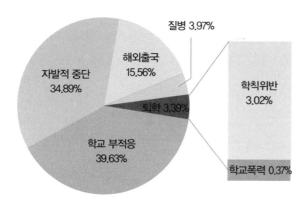

고등학생 학업중단 주요 사유

고등학교 학업중단자 기타 세부사유별 현황은 다음과 같다.

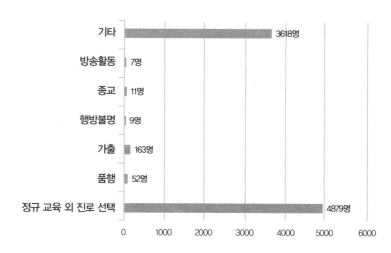

기타 세부사유 현황

1) 학업중단 사유 조사(윤철경 외, 2000)

전문가협의회 및 워크숍, NEIS 시스템을 통한 학업중단 사유조사, 설문조사, 전문가 조사 등 다양한 방식을 통하여 학업중단 현황에 대한 심층 분석을 실시하였다. 분석 대상은 초등학생 12,280명, 중학생 14,572명, 고등학생 34,305명의 학업중단자이다.

초등학생 학업중단 주요 사유는 다음과 같다.

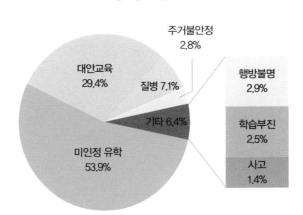

초등학교 1학년 시기에 질병과 부적응에 의한 유예(정서장애 및 신체장애)가 집중적으로 발생하고, 저학년 시기에는 학교부적응 현상이 심하게 나타났다. 학습부진과 학업기피 등으로 인한 부적응은 1학년, 6학년, 4학년 순으로 많이 나타났고, 고학년이 될수록 해외 어학연수를 목적으로 한 미인정 유학 사유가 많아지고 있었다.

중학생 학업중단 주요 사유는 아래와 같다.

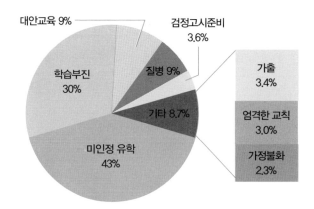

중학생 학업중단 주요 사유

중학생의 경우, 학업관련 부적응으로 인한 학업중단비율이 학년이 올라갈수록 증가하는 특징이 나타났다(1학년 473명 → 2학년 986명 → 3학년 1,188명). 학년별 특징에서 나타난 것과 마찬가지로 전체적으로도 건강상의 문제인 질병 외에는 학업 문제와 관련된 사유가 높은 비율로 나타남을 확인할 수 있다.

고등학생 학업중단 주요 사유는 다음과 같다.

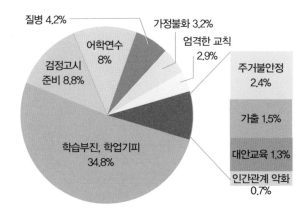

고등학생 학업중단 주요 사유

고등학교의 경우, 중학교와는 다르게 학습부진 및 학업기피 부적응으로 인한 학업중단이 1학년에 집중되어 있었다. 특히 학습부진 및 학업기피 부적응으로 인한 학업중단은 해당 추세가 뚜렷이 나타나고 있었다(1학년 7,301명 > 2학년 3,697명 > 3학년 957명). 이는 고등학교에서 1학년 학생에 대한 학업중단 관련 대책이 상당히 중요하게 고려되어야 함을 의미한다.

다. 학교 밖 청소년 생활 실태 조사(질적 연구)

1) 학업중단학생 실태 조사(정제영 외, 2003)

학업중단학생 지원 기관의 특성에 따른 원인을 규명하기 위해 청소년복지센터와 비인가 대안교육시설의 학생에게 각각 심층 조사를 실시하였다. 두 집단 모두 본인의 자발적 의지에 의한 학업중단 사유가 가장 높은 응답률을 보이고 있었다. 두 집단에서 모두 '나 자신이 원해서'라는 자의적 결정으로 응답하는 비율이 가장 높았으나, 심층적인 사유는 매우 대조적인 경향을 나타냈다.

청소년 복지센터	비인가 대안교육시설
• 지나친 학업 부담, 놀고 싶은 욕구 등 학교와 학업에 대한 부적응 • 집안 경제사정 어려움, 가정불화, 가정의 방임 · 학대 · 폭력 • 학교/선생님 불신	• 자신의 특기나 소질을 살리기 위해 정규학교 중단 • 가족들의 의견/ 바람 등 가정의 요구 반영 • 학교 외 대안시설에서 새로운 교육에의 욕구

두 집단의 학업중단에 대한 심층적인 사유는 학업 중단 세부이유, 가정문제나 가정의 요구, 학교문제 등에서 상이한 답변을 보이고 있었다.

라. 해외사례: 미국의 사례 연구

1) 미국의 학업중단에 대한 국가수준 설문조사

미국의 학업중단에 대한 국가수준 설문조사는 각각 1980년대, 1990년대, 2000년대 학생들이 학교를 떠나게 된 다섯 가지 결정적 이유를 설문한 것으로, 시대적으로 공통적인 것은 역시 학교가 싫고 수업에 흥미가 없다는 사유가 가장 큰 원인이었다. 80년대는 결혼과 취업 등 개인사정이 큰 사유였고, 2000년대는 개인의 권리와 자유가 보장되는 사회로의 변화를 반영한 조사 결과가 나타나기도 했다.

학교를 떠나게 된 다섯 가지 결정적인 이유를 시대별로 정리한 표는 다음과 같다.

1980 High School and Beyond 10학년 코호트 (Ekstrom et al., 1986)	1998 National Education Longitudinal Study 8학년 코호트 (Jordan et al., 1999)	2005 Nonrepresentative Sample of Dropouts (Bridgeland et al., 2006)
학교가 싫어서 (33%)	학교가 싫어서 (51%)	수업이 흥미가 없어서 (47%)
성적이 나빠서 (33%)	낙제점수를 받아서 (44%)	결석을 많이 하여 학교수업을 따라갈 수 없어서 (43%)
취업을 해서 (19%)	학교수업을 따라갈 수가 없어서 (31%)	학교에 관심이 없는 사람과 시간을 많이 보내서 (42%)
결혼을 해서 (18%)	학교에 속하지 않은 느낌 때문에 (25%)	너무 많은 자유를 가졌고 삶에 있어 충분한 규정이 없어서(38%)
교사와 잘 지낼 수 없어서 (15%)	교사와 잘 지낼 수 없어서 (15%)	낙제 점수를 받아서(35%)

출처: Hammond et al. (2007), p.38.

2) MetLife(2002)의 미국 고등학생 대상 설문조사

한 번이라도 학업중단을 고려해본 적이 있는 학생을 대상으로 학업중단 사유를 조사한 결과, 응답자의 76%가 "학교가 지루하기 때문"이라고 응답하여 학교에 대한 부적응과 학교에 흥미가 없는 것이 가장 큰 사유임을 보여주었다. 학생들의 42%는 "학교에서 충분히 배우고 있지 않다."고 응답하여 교육과정에 대한 불만족을 드러냈다.

이는 학교 관련 요인이 한 개인의 학업중단 여부를 결정하는 데 큰 비중을 차지함을 보여주는 결과이나. 따라서 학업중단 위기학생을 지원하고, 학생이 더 이상 학교를 떠나게 하지 않기 위한 대책을 마련하는 것이 필요하다. 학교교육의 질을 향상시키고 학생들의 관심과 흥미를 높이는 방안을 중점적으로 고민할 필요가 있다.

4. 학업중단의 원인

가. 학업중단의 원인

1) 학업중단의 원인

학업중단은 어느 한 요인에 의해 발생하는 것이 아니라, 다차원적인 요인들이 복합적으로 발생하는 것으로 볼 수 있다. 학생을 둘러싼 개인 요인, 가정요인, 학교 요인, 지역사회 요인 등 다양한 원인에 의해 발생하는 것으로 볼 수 있다.

2) 학업중단의 원인 구조

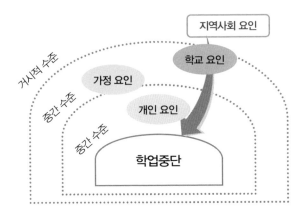

나. 학업중단의 원인_개인 요인

학업중단의 원인 중 개인 요인은 개인 배경, 정서적·행동적 특성, 학업성취도와 출결로 나누어 볼 수 있다.

1) 개인 배경

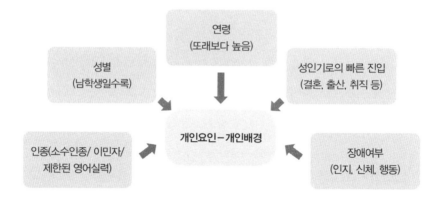

미국의 많은 선행연구들에서는 학생 개인의 인구학적 특성이 학업중단의 결정적 요인으로 작용한다고 보고 있다. 남학생일수록, 소수인종일수록, 같은 학년 또래보다 나이가 많을 경우, 학업중단을 할 확률이 높아지는 경향이 있다. 고등학교 재학 중 결혼 및 출산 또는 일을 하게 되면서 성인으로서의 책임을 떠안게 된 청소년의 경우 중도포기 할 가능성이 높은 것으로 나타났다. 미국에서의 연구들은 인종, 성별, 이민여부, 제한된 영어 능력, 장애여부가 학업중단 경험과 밀접한 관계가 있음을 밝히고 있다.

2) 정서적·행동적 특성

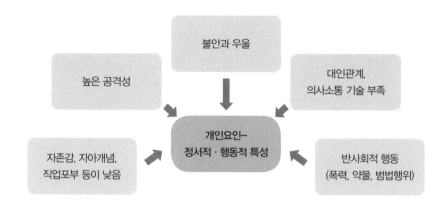

학업중단 청소년은 자아통제 및 자기조절 기능이 부족한 경향이 있다. 공격성이 높고, 낮은 자아개념을 가지고 있으며, 대인관계 기술이 낮고, 낮은 미래기대 수준 및 자아존중감, 의사소통 기술 부족, 권위에 대한 반사회적 성격이 나타나는 특성이 있다. 폭력·약물·범법행위 등의 일탈행동을 또래들과 함께 하는 것은 학업중단 가능성을 높이는 것으로 나타났다. 등교거부 경향이 높은 청소년들은 일반 청소년들에 비하여 우울한 정도가 높게 나타났고, 불안과 우울은 청소년의 일탈과 관련이 높은 것으로 나타났다. 이는 우울과 불안이 학교생활 적응을 어렵게 하고, 부적응의 한 형태로 등교거부를 나타낼 수 있다는 것을 의미한다.

3) 학업성취도와 출결

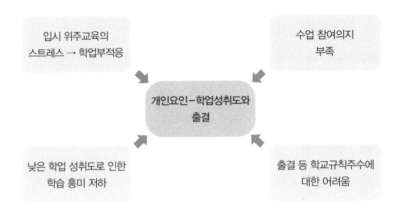

입시 위주교육의
스트레스 → 학업부적응

수업 참여의지
부족

개인요인-학업성취도와
출결

낮은 학업 성취도로 인한
학습 흥미 저하

출결 등 학교규칙준수에
대한 어려움

Obondo와 Dadphale(1990)의 연구는 개인의 학업성취도가 등교거부성에 가장 큰 영향을 준다고 보고하고 있다. 국내의 연구에서는 학업성취도를 등교거부성에 영향을 주는 주요인으로 보고 있다. 학습에 흥미가 떨어지게 되면 학업을 따라갈 수 있는 능력이 부족하게 되고, 이는 낮은 학업성취도로 이어져 학업중단에 영향을 미치는 것으로 나타났다.

입시위주의 교육환경에서 지속되는 학업스트레스는 무기력, 우울, 불안과 같은 심리적 부적응 유도하고, 등교거부, 학습부진, 교칙위반, 신체적 공격, 비행행동, 가출, 무단 장기결석 등을 유발하여 학업적응에 좋지 않은 영향을 미치게 된다. 학업에 관한 스트레스가 오랫동안 지속될 경우 학업부적응을 겪을 것이며, 학업부적응은 청소년들의 학업중단의지에도 영향을 미치게 될 것이라 가정이 가능하다.

안현의 외(2002) 연구에서는 학업중단을 결정하는 주요한 요인으로 수업에 대한 이해가 어려워지면서 학교를 왜 다녀야 하는지 회의감을 느끼거나 엄격한 출결 단속 등의 학교 규칙 준수의 어려움을 호소하는 등 학업 및 학교와 관련한 이유를 들고 있다.

다. 학업중단의 원인_가정 요인

학업중단의 원인 중 가정요인은 가정배경, 가족 관계 및 교육적 환경으로 나누어 볼 수 있다.

1) 가정 배경

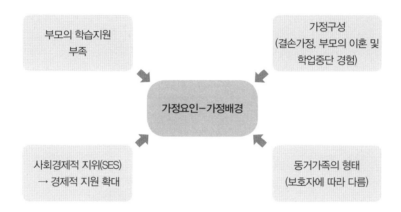

학업중단에 영향을 미치는 주요인은 학생이 속한 가정의 SES(Socio-Economic Status)로 볼 수 있다. 부모가 소득이 높을수록 자녀를 비교적 양질의 학교에 보내고, 다양한 사교육 등에 참여시키며, 자녀의 가정 안에서의 교육을 위해서도 더 많은 지원을 하는 것이 가능하다. 학업 및 학교와 관련한 부모의 소득이 높은 그룹에서 상대적으로 낮은 학업중단이 나타나고 있고, 학업중단 학생들은 가정으로부터 받는 경제적 지원이 비교적 낮고 학습기술이 미숙한 점을 학업중단의 이유로 들고 있다.

가족 구성도 학업중단에 영향을 미친다. 부모의 사망, 이혼, 별거, 재혼, 학업중단을 경험한 가정, 결손가족이 학업중단에 부정적 영향을 미치는 것을 나타났고, 가족형태가 편부모 또는 계부, 계모와 함께 사는 청소년들이 학업중단 비율이 높게 나타났다. 윤명숙 외(2012)의 연구에서는 동거가족 형태에 따라 학교부적응의 원인이 되는 학교폭력 가해경험에 유의미한 차이가 나타났다. 부모님과 함께 살거나 어머니와 함께 살거나 조부모와 함께 사는 집단에 비하여 친척이나 아버지와 함께 사는 집단이 학교폭력 가해행동을 더 많이 하는 것으로 나타났다.

2) 가족 관계 및 교육적 환경

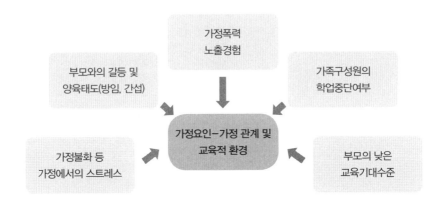

약물사용, 가정불화, 가정의 경제적 또는 건강문제, 잦은 이사, 가족 구성원의 죽음, 부모의 이혼 또는 재혼 등에 의해 발생되는 가정의 높은 스트레스는 학업중단에 영향을 미칠 수 있다. 부모와 자녀의 관계가 불안정하고 갈등을 겪어 친밀성이 떨어지거나 부모의 양육태도가 지나치게 간섭하거나 방임하는 경우 학업중단 가능성을 높인다는 연구가 있다.

가정폭력을 당한 학생들은 학교폭력 가해학생이 될 확률이 높은데, 이를 통해 가정폭력 경험은 학생이 학교부적응의 원인이 될 수 있음을 알 수 있다. 가정폭력 노출경험이 높은 청소년의 경우 과잉행동이 늘어나며, 공격성이 높아져 타인이나 친구에게 가해행동을 행사하는 가능성이 높은 것으로 나타났다. 이들은 우울감, 불안감, 적대감 등의 증상을 더 심하게 경험하는 것으로 나타났다.

부모 또는 형제, 자매가 학업을 중도 포기한 경험이 있는 경우 해당 학생이 학업을 포기할 가능성이 높아지고, 부모가 교육에 대해 가지고 있는 태도, 가치, 믿음 또한 자녀의 학업중단에 영향을 미치는 것으로 나타났다. 부모의 낮은 교육기대 수준은 자녀의 학업중단 가능성을 높인다고 볼 수 있다.

3) 자녀가 학업중단을 한 부모들의 특성

자녀가 학업중단을 한 부모들은 자녀의 학업성취도나 학교생활과 관련하여 학교와 거의 소통을 하지 않고, 자녀와 거의 대화를 하지 않는 경향이 있다. 학교가 주최하는 학부모 모임 등에 참여하는 빈도도 매우 낮고, 집에서 자녀의 공부를 도와주지 않으며, 숙제에 대해 무관심한 태도를 보인다는 특징도 있다. 이를 통해 부모의 태도가 자녀의 학업중단에 영향을 미침을 알 수 있다. 부모의 기대와 교육과 관련된 부모의 실제적 행동은 자녀의 학업중단을 예방하는 중요한 역할을 한다.

라. 학업중단의 원인_학교 요인

학업중단의 원인 중 학교 요인은 교사 및 교우와의 관계, 출결 등 학교생활, 학교의 특성으로 나누어 살펴볼 수 있다.

1) 교사 및 교우와의 관계

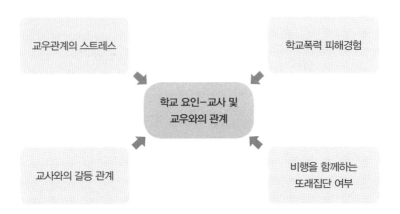

교사와의 관계에서 학생이 교사에게 관심을 받지 못할 때 학생은 허탈함과 울적함을 느끼고, 무시를 당한다는 생각을 하며, 허무감을 느낀다. 이러한 감정들은 학생들이 학교를 가기 싫어하게 되는 원인이 된다. 상대적으로 교우관계 문제가 학업중단에 더 큰 영향을 미치는 것으로 나타났다.

비행또래와의 접촉이 높고, 중퇴한 친구들이 많고, 비행 또는 중퇴한 또래와 어울리거나 재학 중에도 중퇴한 친구들과 어울려 학교 밖 활동에 많은 시간을 보내는 청소년들이 학업중단율이 높은 것으로 나타났다. 또래관계의 스트레스, 따돌림으로 인한 소외감, 폭행을 당한 경험이 학업중단의 원인이 되는 것이다.

학교폭력 피해경험으로 인한 피해학생의 불안감, 외로움, 통제감 상실 등 정서적 문제로 인한 학교에 대한 강한 거부감이 학교적응에 심각한 영향을 주고 있다. 학교폭력 발생장소인 학교에 대한 두려움, 불안, 공포 등의 감정이 학교적응에 부정적 영향을 줄 가능성이 크다고 볼 수 있다.

2) 출결 등 학교생활

이탈현상은 학업 이탈, 행동적 이탈, 심리적 이탈, 사회적 이탈로 나누어 볼 수 있으며, 자세한 내용은 아래와 같다.

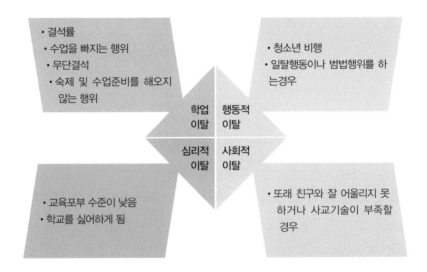

등교 거부 행동이 반복될 경우 학교에서 멀어지면서 학업 중단으로 진행되기 쉽다. 출석을 하지 않거나 잦은 지각, 조퇴 등으로 등교거부 의사표시를 하는 학생들이 많아지고 있는데, 이를 통해 결석이나 지각과 같은 수업결손이 학업중단에 영향을 미치고 있음을 알 수 있다.

출결은 학업성취도와 밀접한 관련이 있으며, 학교에서 소외되거나 학교 교육에 흥미를 느끼지 못하는 학생들이 학업을 중단할 가능성이 높다. 학교에 대한 흥미가 떨어지는 이탈현상은 학업, 행동적, 심리적, 사회적 이탈 행위로 표출되며, 이들은 학업중단으로 이어지는 요인이 된다.

3) 학교의 특성

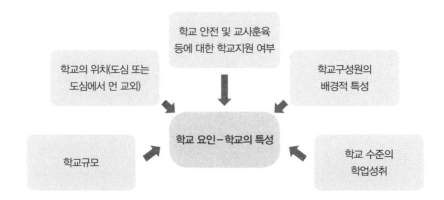

대규모의 학교들이 중소규모의 학교보다 학업성취도가 낮고 학업 중단율이 높다는 보고가 있으나, 그렇지 않다는 연구도 있다. 학교가 도심의 빈민가에 있거나 도심에서 거리가 떨어진 시골에 위치한 경우, 학업 중단율이 높다고 보고하고 있다. 학교의 안전, 훈육문제, 교사들의 지원이 낮다고 인식하는 학생들의 비율이 높은 학교일수록 학업중단율이 높게 나타났다.

학교를 구성하고 있는 학생들의 배경적 특성이 학업중단에 영향을 미친다. 저소득 계층, 소수인종 학생들이 밀집된 학교의 경우 높은 학업중단율을 보이고 있다. 학교 수준의 학업성취도 학업중단에 영향을 미친다. 유급을 당한 학생, 수학 성취가 낮은 학생이 많이 모여 있는 학교일수록 높은 학업중단율을 보이고 있다.

라. 학업중단의 원인_학교 요인

교외 외곽(suburban)이나 도심 지역의 학교에서 학업중단율이 높은 것으로 나타났고, 미국의 경우 서부나 남부 주(state)에서 학업중단율이 높게 나타났으며, 가난한 계층이 밀집되어 있는 지역, 소수인종 혹은 이민자 비율이 높은 지역에서도 학업중단율이 높았다. 한부모 가정 비율이 높거나 또는 학업중단경험이 있는 성인들이 사는 지역(교육수준이 낮음)일수록 학업중단율이 높게 나타났고, 지역적으로 불안정하거나 이사가 잦은 지역에서 학업중단이 나타나는 경향을 보이고 있으며, 도심의 빈곤지역은 높은 수준의 폭력, 마약관련 범죄 등과 관련되어 있어서 학업중단에 영향을 주고 있는 것으로 나타났다.

5. 학업중단 위기 징후

가. 학업중단 과정

학생이 학업중단을 하게 되는 과정은 정리하면 크게 6단계로 요약될 수 있다.

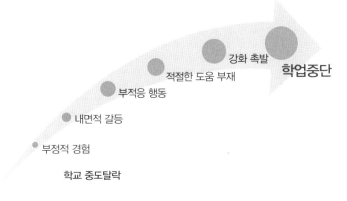

강화 촉발

학업중단

적절한 도움 부재

부적응 행동

내면적 갈등

부정적 경험

학교 중도탈락

[그림 1] 학업중단 과정

단계별로 구체적인 징후 내용 등에 대해 알아보면 다음과 같다.

1) 부정적 경험 단계

가장 먼저 개인적인 경험 또는 가정과 학교에서, 나아가 사회적으로 부정적 경험을 하는 단계이다. 학생 개인은 심한 감정기복을 겪거나 열등의식을 가진 경우가 많다. 또한 왕따 또는 집단구타 등으로 인한 외상 스트레스를 받았거나, 게임중독이 자

42

살충동에 빠진 상태일 수 있다. 가정에서도 부모의 이혼이나 사망 등의 결핍을 겪었거나 낮은 사회경제적 지위와 경제적 파산으로 인해 용돈이나 학비가 없어 실질적인 경제적 어려움에 처한 경우, 부모의 학대와 가정폭력, 애정결핍, 부모와의 유대감 결손에 처한 경우가 많다. 또래 집단과의 관계도 친한 친구의 자퇴나 학교 부적응으로 인한 대인기피 등으로 긍정적인 경험이 아닌 부정적인 관계를 경험한다. 학교에서는 성적 부진, 기초학습의 부족, 진로와 적성의 부적응, 입시위주의 수업 등 학업 측면에서 부정적 경험을 하거나, 비자발적인 전학과 교우관계 부적응을 통해서도, 교사와의 관계에서 부정적인 낙인을 받는 등 교사와 유대감 결손이 있을 때 학생은 학교에서 부정적인 경험을 하게 된다.

2) 내면적 갈등 단계

다양한 원인에 의해 학교 제도에 실망하고 상처받음으로써 가치관 혼란과 심리적 갈등으로 방황하게 되는 내면적 갈등 단계이다. 구체적 징후 내용으로는, 먼저 낮은 자존감, 자기 통제력 부족, 소외감(외톨이), 심리적인 방황 등 학생의 심리적 문제가 발생한다. 또한 부모나 교사로 대표되는 성인에 대한 감정이 수동적인 반항 형태로 나타나게 된다. 학업에서도 공부에 대한 자신감과 흥미가 저하되고, 학교에 대한 기대와 의미도 상실하게 된다. 앞으로의 진로에 대해서도 자유로움에 대한 막연한 동경이 생겨나고 자기실현을 하고자 하는 욕구가 커지는 등 진로문제에 대해서도 내면적 갈등을 겪는다.

3) 부적응 행동 단계

부정적인 경험과 내면적 갈등을 넘어서 학교 안팎에서 실제 부적응 행동이 표출되는 단계이다. 지각과 결석이 반복되고, 무단조퇴나 수업태만, 교칙위반 행동이 빈번해지는 모습을 보인다. 구체적으로 학교에서 습관적 지각을 하거나 무단결석, 교사와 갈등이나 반항이 빈번해지고, 수업일수가 미달되는 것으로 나타난다. 가정에서도 충동적인 가출을 하거나 부모와 마찰을 빚는 등의 행동을 보인다. 사회적으로도 비행 행동을 하여 경찰서에 출입하게 되기도 한다.

4) 적절한 도움 부재 단계

부정적 행동이 빈번해진 학업중단 위기 학생에게 부모나 교사의 관여나 적절한 개입이 없는 대신에, 가정·학교 밖의 또래와 유대감을 형성함으로써 학생의 부적응 문제가 증폭되는 상태로, 적절한 도움의 부재 단계라 할 수 있다. 먼저 대안학교나 검정고시 학원 등에서 사귄 교우 관계를 통해 학교 밖 또래와의 유대감을 형성하는 것이 있다. 또한 음주나 흡연, 청소년 출입금지 장소에 출입하거나, 비행친구와 어울리거나 동거 등 비행문화 및 유해환경 접촉이 빈번해진다.

5) 강화와 촉발 단계

학생의 부적응 문제가 점차 커지는 와중에, 학업중단과 관련된 직접적 사건이나 계기가 있어서 학교를 그만두고자 하는 결심이 확고하게 굳어지는데, 이를 강화와 촉발의 단계라 한다. 구체적인 징후 내용으로는 장기 가출이나 등교 거부가 있으며, 학교의 징계나 통계 경험을 겪거나 부적절한 성행동이나 임신, 범죄사건으로 보호관찰 등의 법적 처벌을 받게 되는 것이 그 계기가 될 수 있다.

6) 학업중단 단계

결국 학업중단의 직접적 계기로 인해 학교제도권에서 공식적으로 벗어나는 단계를 말한다. 부모나 교사와의 관계가 단절되고, 늦잠이나 태만 등 불규칙한 생활을 하게 된다.

나. 학업중단 위기 학생과 관련된 특징(학교와 가정)

1) 학교생활

① **학교의 의미** : 학업중단 위기 학생은 학교에 재미를 못 느끼고, 매사에 귀찮아하는 하면서 학교를 계속 다니는 것에 더 이상 의미를 두지 않는다. 학교에 대한 관심보다는 학교 밖의 문화를 동경하는 특징을 보인다.

② **학업 상태** : 대체로 기초학습능력이 부족하거나 공부 방법을 잘 모르는 경우가 많다. 성적은 주로 하위권을 맴도는 편이며, 시험기간에 시험공부를 하지 않거나, 시험 보는 날을 모르는 경우가 있다. 공부를 왜 하는지 이유를 찾지 못한다. 간혹 학교는 싫지만 학업은 계속하고 싶어 하는 학생도 있다.

③ **학교규칙** : 대부분의 학생들이 학교제도에 실망하고 부정적인 생각을 하기 때문에 대체로 학교규칙을 무시하는 경향이 있다. 그들은 학교 규칙을 지키는 것이 학교의 틀에 갇히는 것이라 생각한다. 특히 야간자율학습같이 강제적으로 학교에 남아 공부를 하는 시간을 견디기 어려워하는 모습을 보인다. 학교규칙을 위반하여 정학이나 봉사명령 등 징계경험이 있으며, 주로 학교규칙이 자신을 구속하고 지나치게 억압한다고 생각하며 학교규칙은 차별적으로 적용된다고 생각한다.

④ **교사와의 관계** : 교사의 권위를 인정하지 않으며, 교사와 마찰이 빈번한 특징이 있다. 교사로부터 자신이 낙인이 찍혀 불신을 받고 있는 상태라 생각하며, 교사가 자신의 학업과 복지에 무관심하거나 체념하고 있는 것으로 알고 있다. 대체적으로 교사를 일방적으로 교칙을 강요하는 존재로 생각한다.

⑤ **교우관계** : 학업중단 위기 학생들은 친구가 거의 없거나 교우관계가 원만하지 못하다. 선배와의 갈등을 경험하거나 또래 간의 싸움이 잦다. 즉 친구들과 신뢰나 우정을 쌓지 못하거나 배신을 경험하기도 한다.

⑥ **학교생활 태도** : 집에서 늦잠을 자고 습관적으로 학교에 지각한다. 밤늦게까지 친구들과 놀다가 학교를 빠지기도 하는 모습을 보인다. 수업시간 역시 잠을 자거나 집중

하지 않으며, 숙제를 싫어하고 숙제를 안 하면 벌 받는 것에 스트레스를 받으면서도 숙제를 잘 해가지 않는 특징이 있다.

2) 가정환경적 배경

① **부모관계** : 학업중단 위기 학생들은 가정에서 부모의 이혼이나 별거를 경험하는 등 한부모 · 조손가정 · 아버지 또는 어머니의 가출에 의한 결손 가정이 많다. 양 부모가 있더라도 부모가 방임하거나 아버지가 음주 과다로 폭력적인 경우가 많고, 잦은 부부싸움으로 가정불화가 많은 환경에 처해있다.

② **의사소통** : 가정 내에서 부모, 형제 간 대화가 부족하고, 대화를 하더라도 부모의 일방적이고 지시적인 대화 위주로 진행된다. 또한 부모가 자녀에게 칭찬보다는 비난 일색으로 의사소통을 한다.

③ **사회경제수준** : 대체로 가정의 사회경제적 수준이 낮은 편이다. 부모의 빚보증이나 사업실패 등으로 경제적인 어려움이 있거나, 자가나 전세가 아닌 월세방에서 거주하거나 친척집에서 임시로 생활하는 등 주거불안정 상태에 있기도 하다.

다. 호주의 SMT(Student Mapping Tool) 사례

호주의 SMT(Student Mapping Tool)은 호주 빅토리아주의 교육부에서 위기학생을 진단하기 위해 개발하여 운영하고 있는 시스템이다. Brimbank Melton Local Learning and Employment Network(LLEN)가 2004년에 학교 교육과 훈련으로부터 이탈 위험성이 있는 청소년들을 식별하고 지원하기 위한 목적으로 개발하였다. 전인적이고 다면적인 진단방법을 사용하며, 학업중단 가능성이 높은 학생을 조기에 발견하는데 유용하고 학생발전과정, 학생지원 프로그램 관리에도 효과적인 특징을 갖고 있다.

크게 가족과 지역사회, 개인, 학교의 요인을 진단하는 시스템이다. 첫째, 가족과 지역사회 요인으로 빈곤, 부모의 실업 및 저학력, 무거주지(homeless), 집 밖 거주, 가정 내 관계 및 가정폭력과 관련된 내용을 들 수 있다. 둘째, 개인 요인으로는 학생 개인의 신체 및 건강 관련 이슈, 장애, 행동의 특이성, 폭력 및 범죄 사실, 약물 사용 및 중독, 임신 및 육아, 가족부양, 학생 장애 등을 진단한다. 셋째, 학교 요인으로는 먼저 가족 교사 및 동료학생과 부정적 관계, 미온적이고 방관적인 학교 문화, 협소한 교육과정, 학교 운영 과정에서의 학생참여 미비 등을 확인하고자 한다. 또한 불규칙적인 출석 및 결석, 낮은 문해율 및 수리력, 학교생활에의 무관심, 동료 학생들과의 나쁜 관계(공격, 폭력 등 문제행동), 학교를 떠나려는 태도 등을 진단하기도 한다. 마지막으로 학업수행 에 있어 학교의 급작스러운 변화 등을 교사가 학생의 학교생활을 관찰하고 기록하여 학생의 위기 수준을 판단한다.

SMT에서 개별 학생의 위기 여부를 판단할 수 있는 근거자료는 가정배경, 출석 사항에 대한 자료, 정부로부터 받은 자료, 교사관찰 자료 등 총 4개의 자료인데 구체적인 사항은 다음 〈표 1〉과 같다.

〈표 1〉 호주 SMT의 근거 자료

① 가정배경 자료	• 가정에 대한 기본적인 배경정보 • 과거 학업의 경로, 개인 및 가정 관련 사항들
② 출석 자료	• 학생의 학교 결석 유형과 기간을 용이하게 점검
③ 정부 자료	• 학생과 학부모의 동의하에 정부로부터 받을 수 있는 교육, 건강, 복지 관련 종합 자료
④ 교사관찰 자료	• 학생의 학급 생활, 수업 시간의 학습 활동, 행동의 특이성이나 변화 등을 기록한 자료

호주의 SMT는 2004년 개발하여 자발적으로 참여하는 학교에 시범적용을 통해 2007년부터 모든 중등학교에서 적용할 수 있도록 보급하고 있다. 프로그램화된 엑셀파일 형태로 호주의 학업성취도 정보공시 홈페이지(National Assessment Program-

Literacy and Numeracy: NAPLAN)에 학교, 학년 등 기본정보를 입력하면 지역과 학년 별로 특화되어 프로그램된 엑셀파일이 재구성되어 다운로드 받을 수가 있다.

교사가 개별 학생의 가정배경 자료, 출결 자료 등 기존의 자료와 정부자료, 교사 자신의 관찰 자료를 근거로 시스템에 입력하면 그 결과에 따라 학생의 위기 가능성이 표시된다. 학생의 위기 가능성 진단뿐만 아니라 개별학생의 관심 분야도 기록하게 되어 있어서, 개별 학생과의 면담 및 상담 없이는 해당 자료를 작성할 수 없도록 되어 있다.

라. 미국의 EWS(Early Warning System) 사례

미국의 경우 1960년 초부터 고등학교 중퇴자의 수가 증가하면서 고등학생 학업중단 문제가 정책적 관심의 대상이 되었다. 1960년 이후 미국의 학업중단 비율은 지속적으로 감소하고 있다.

2011년과 2012년 역시 학업중단자 비율이 7.1%, 6.6%로 지속적인 감소 흐름이 이어졌다. 그러나 인종에 따른 학업중단율의 차이, 장애를 가진 학생들의 높은 학업중단율 등은 여전히 해결이 필요한 문제로 인식되고 있는 상황이다. 연방정부 차원의 학업중단관련 정책은 주로 낙오방지법(No Child Left Behind)의 Title I, Part H에 규정되어 있다.

Dropout Prevention Act는 'HSGI(High School Graduation Initiative)'라는 프로그램으로 재원이 집행된다. HSGI에 의해 지원받아 학업중단 예방을 위해 미국에서 활용되고 있는 Early Warning System(이하 'EWS')의 핵심기능은 "쉽게 활용 가능한 몇몇의 핵심 자료를 활용하여 학교구나 학교가 학업중단가능성이 높은 학생을 분별할 수 있도록 해 주는 것"이다. 지역적 특성에 따라 시스템을 개발하기 위해 주(州) 혹은 학교구가 협력한 기관(Johns Hopkins University team, American Institute for Research(이하 'AIR') team 등)에 따라 다소 차이를 가지고 있다.

AIR의 National High School Center가 개발한 EWS는 이미 준비된 학생 데이터를 활용하여 체계적이고 지속적으로 학생의 학업위기를 모니터링함으로써 학생의 졸업률을 높이는 것을 목적으로 한다. 학기별로 엑셀에 입력된 지표들을 활용하여 학생 개개인별로 위험여부(flags)를 표시해준다. 출석이나 과목 실패 여부, 학점 평균, 학생의 행동을 지표로 활용한다. 구체적인 지표 내용은 다음과 같다.

〈표 2〉 미국 EWS의 활용 지표

① 출석	• 각 학년의 첫 달 동안의 출석이 수업시수의 10%나 그 이상을 빠진 경우에 위기지표(flag)가 표시
② 과목 실패	• 한 과목 이상 실패하게 되면 표시
③ 학점 평균	• 4.0만점에 2.0 이하인 경우
④ 행동	• 각 지역별로 규정된 징계를 받는 경우

EWS는 개별 학교의 상황에 적합하게 학점 기준이나 졸업에 필요한 학점, 초기 결석을 정하는 기능(Ex. 20~30일 사이), 위기 지표의 경계 수준 등을 학교 별로 맞춤형 설정이나 변경하는 것이 가능한 것이 특징이다. 학업중단 위기 학생에게 제공하는 학교 수준, 학교 구 수준의 개입 프로그램에 대한 자료도 관리한다. 또한 프로그램의 강도에 따라 Tier Ⅰ(모든 학생), Tier Ⅱ(중위기 학생), Tier Ⅲ(고위기 학생)의 단계별로 구분하여 조치가 가능하다.

마. 우리나라의 학업중단 위기학생 진단 시스템

정제영 외(2015)의 연구는 학업중단 위기학생을 조기에 찾아내는 예측모형을 개발하기 위하여 학업중단 학생의 학교생활 관련 자료를 바탕으로 학업중단에 영향을 미치는 요인을 분석하였고, 요인의 회귀계수를 활용하여 우리나라 교육환경에 적합한 학업중단 예측모형을 설계하였다. 분석 자료는 서울, 인천, 울산, 경기, 전남 지역 학교의 학교정보공시자료 및 학생 개인자료(NEIS 데이터)이며, 분석 대상은 학교급별로 각 150개 학교가 해당된다. 통계적 처리 등의 연구방법은 이분형 자료이면서 다층적인 구조를 가진 자료를 분석할 때 유용한 위계적 일반화 선형 모형(Hierarchical Generalized Liner Model, HGLM)을 활용한다.

고등학교 부적응에 의한 학업중단 결정요인에 대한 HGML 결과는 먼저 다음 표로 제시할 수 있다.

〈표 3〉 고등학교 부적응에 의한 학업중단 결정요인에 대한 HGLM 결과

	협의의 부적응	회귀계수	표준오차	t값	p값
학생 수준	성별(남=0, 여=1)	.07799	0.049	1.602	0.109
	학업성취도	−0.00710	0.000	−23.015	0.000
	출결	0.01841	0.000	48.793	0.000
	체험활동	−0.00963	0.000	−70.362	0.000
학교 수준	학생수	−0.00098	0.000	−2.208	0.029
	부적응비율	0.02704	0.037	0.730	0.467
	방과후학교참여율	−0.00004	0.001	−0.032	0.975
	학생1인당상담실적	−0.00245	0.005	−0.532	0.595
	교육비지원비율	0.02252	0.017	1.332	0.185

자료 : 정제영 외(2015a), p.120.

고등학교 부적응 의한 학업중단 결정요인에 대한 분석 결과를 구체적으로 살펴보면, 여학생이 남학생에 비하여 학업중단 확률이 높게 나타났으며, 학업성취도, 체험활동, 학교의 학생 수, 방과후 학교 참여율, 학생 1인당 상담실적이 학업중단 확률을 높이는 역할을 하는 것으로 나타났다. 출결상의 문제점, 학교의 부적응 비율, 교육비 지원비율은 학업중단 확률을 높이는 변수로 나타나고 있다.

고등학교 부정적 사유에 의한 학업중단 결정요인에 대한 HGLM 결과는 다음 〈표 4〉로 제시될 수 있다.

<표 4> 고등학교 부정적 사유에 의한 학업중단 결정요인에 대한 HGLM 결과

	광의의 부적응	회귀계수	표준오차	t값	p값
학생 수준	성별(남=0, 여=1)	0.04431	0.079	0.559	0.576
	학업성취도	−0.00633	0.001	−11.872	0.000
	출결	0.02672	0.001	32.584	0.000
	체험활동	−0.01019	0.000	−44.394	0.000
학교 수준	학생수	−0.00046	0.000	−2.030	0.044
	부적응비율	0.00397	0.020	0.203	0.840
	학생1인당상담실적	−0.00264	0.002	−1.086	0.280
	교육비지원비율	0.01024	0.009	1.163	0.247

자료 : 정제영 외(2015a), p.121.

고등학교 부정적 사유에 의한 학업중단 결정요인에 대한 분석 결과를 구체적으로 살펴보면, 여학생이 남학생에 비하여 학업중단 확률이 높게 나타났으며, 학업성취도, 체험활동, 학교의 학생 수, 학생 1인당 상담실적은 높을수록 학업중단 확률을 낮추는 것으로 나타났다. 이에 반해 출결상의 문제점, 학교의 부적응 비율, 교육비 지원 비율은 높을수록 학업중단 확률을 높이는 것으로 나타났다.

분석 결과를 종합해보면, 학생 수준 변수 가운데 고등학교에서는 학업성취도, 출결사항, 체험활동 이수시간이 학업중단에 영향을 미치는 요인으로 밝혀졌으며, 학교 수준 변수로는 학교의 총 학생수가 학업중단에 영향을 미치는 것으로 나타난다. 해당 연구 결과를 토대로 학업중단에 영향을 미치는 요인으로 밝혀진 출결사항, 학업성취도, 체험활동 이수시간 등을 학업중단 예측지표로 투입하고, 정서행동특성검사 결과 및 교사의 주관적인 관찰의견을 종합적으로 고려하여 학업중단 위기를 사전에 진단할 수 있는 시스템을 개발된 상태이다.

이상 호주의 SMT, 미국의 EWS, 한국의 학업중단예측모형 등 국내·외 학업중단 예측모형을 비교하면 다음과 같다.

<표 5> 국내외 학업중단 예측모형 비교

구분	SMT (호주)	EWS (미국)	학업중단 예측모형 (한국)
위기 예측 지표 (Indicator)			
출결 사항	○	○	○
학기 초 출결 사항	×	○	○
학업성취도	○	○	○
체험(특별)활동	○	×	○
가정배경 자료 (부모 직업)	○	×	×
건강 및 복지 지원 상황 학생정서행동특성검사 (한국)	○	△	○
교사의 관찰 의견	○	○	○
학생 지원 프로그램(Intervention)	○	○	○

　세 가지 시스템의 공통된 위기 예측 지표는 출결사항, 학업성취도, 건강 및 복지지원 상황이다. 차이점으로는 호주의 SMT는 학기초 출결사항을 사용하지 않으며, 미국의 EWS는 체험활동이나 가정배경 자료를 활용하지 않고 있다는 것이다. 정제영 외 (2015) 연구는 통계적 분석에서 확인된 예측지표 및 미국의 EWS에서 활용하는 학기초 출결사항이나 학생정서, 행동특성검사 결과, 교사의 관찰 의견 등을 추가하였다. 국내 시스템의 안정적 정착을 위한 과제는 다음과 같이 제시될 수 있다.

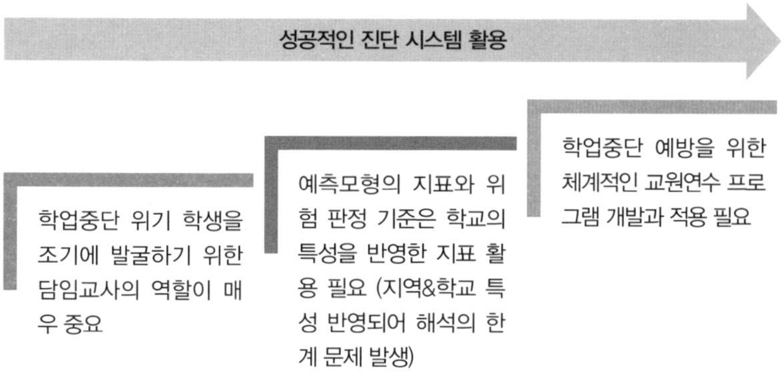

성공적인 진단 시스템 활용

학업중단 위기 학생을
조기에 발굴하기 위한
담임교사의 역할이 매
우 중요

예측모형의 지표와 위
험 판정 기준은 학교의
특성을 반영한 지표 활
용 필요 (지역&학교 특
성 반영되어 해석의 한
계 문제 발생)

학업중단 예방을 위한
체계적인 교원연수 프로
그램 개발과 적용 필요

[그림 2] 국내 진단시스템의 안정적 정착을 위한 과제

6. 학업중단 생활

가. 학업중단 청소년의 생활

학계 연구들에 의하면, 학업중단 청소년들은 가족과 주변사람들의 부정적 인식으로 인한 불편함과 자신의 미래에 대해 막연한 불안감을 경험하기도 하고(김상현·양정호, 2013), 집에 은둔하여 생활하는 NEET형(Not in Education, Employment or Training) 으로 살아가기도 하며(윤철경 외, 2013), 아르바이트형태의 임시일용직 근로를 시도하 지만 최저임금 보다 낮은 임금을 받거나 부당행위를 당하는 등의 어려움을 겪는 것으 로 보고되었다(이상준·이수경, 2013). 더욱 심각한 문제는 금전적인 필요가 있는 상황 에서 노동시장에 정착하지 못할 경우 비행과 연결될 가능성 또한 증가하게 된다는 것 이다(Sweeten, 2006; 남미애, 2006; 금명자, 2008; 김영희 외, 2013). 비행을 저지를 경우 일탈이나 가출, 유흥업소 취직, 친구의 유혹에 못이기는 모습으로 나타나게 된다.

학업중단 청소년의 유형은 초기에는 이분법적 관점의 유형화가 주로 이루어졌다. 이숙영·남상인(1997)은 학업중단 청소년을 사회에 적응하는 유형과 부적응한 유형 으로 분류하여 제시하고 있는데, 사회적응 유형으로는 복학이나 검정고시준비 등의 진학형, 취업이나 아르바이트를 목적으로 하는 취업형·취업준비형 등으로 세부적으 로 구분하였다. 사회부적응 유형으로는 보호 및 관리체제에 소속된 청소년과 소속되 지 않은 청소년으로 분류하고 있으며, 학교밖 청소년에 대해 이원화된 관점으로 제시 하는 연구에 속한다. 윤여각 외(2002) 연구에서는, 학업중단 청소년의 삶의 선택지를 학교교육체제로 복귀(학업형)과 학업 포기 등 크게 두 가지로 제시하였고, 학업포기는 사회적으로 용인되는 직업을 갖는 직업형과 사회적으로 문제시되는 일에 참여하는 비행형으로 경로를 구분 지었다. 그러나 최근 연구에서 새로운 경향으로 다루어지고 있는 무업형이 다루어지고 있지 않다는 한계가 있다.

　이분법적 관점에 비해 다양한 관점에서 학업중단 청소년의 유형화를 시도하는 연구도 이어졌다. 먼저 허철수(2004)는 학교 밖 청소년의 유형을 적응형, 부적응형, 요치료형, 자유방임형으로 구분하였고, 이경상·조혜영(2005)은 학교 밖 청소년을 순수진학형, 아르바이트형, 취업형, 진로미결정중심형, 기타형으로 세분화하였다. 특히 윤철경 외(2010)의 연구는 학업중단 후 무엇인가를 배우려는 학습형, 취업/알바형, 무업형(방에만 머무르는 은둔형, 부모님 일을 돕고 있는 소일형, 친구들과 노는 배회형 등으로 세분화함)으로 제시하였으며, 사법적 경험을 가진 비행형과 지적·정서적 장애를 가진 장애형은 별도의 유형으로 구분하였는데, 윤철경 외(2013)의 연구는 보다 간략하게 학업형, 직업형, 니트형(NEET), 비행형으로 정리한 바 있다. 오은경(2014)의 경우는 학업유지형, 취업형, NEET, 진로탐색형으로 각각 구분하여 논의하고 있다. 결국 이러한 연구들은 기존에 학교 밖 청소년을 적응형과 부적응형 청소년으로 이분법적으로 나누던 관점에서 탈피하여, 학업중단 이후 청소년들의 삶의 유형이 다양하게 제시할 수 있음을 강조하는 것일 수 있다.

[그림 1] 학업중단 청소년 유형화 연구의 변화

나. 학업중단 이후의 경로

1) 학업중단 청소년의 특성과 중단 후 경로 조사

윤철경 외(2014)의 연구에서는 한국청소년개발원에서 실시한 학업중단 청소년 패

널조사 Ⅰ의 데이터 분석을 통해 학업중단 이유 등 특성에 따라 학업중단 이후의 경로가 어떻게 달라지는 가를 살펴보았다. 참고로 학업중단의 원인은 4차시에서 논의된 바와 같이 개인 요인, 가정 요인, 학교 요인, 지역사회 요인 등이다. 해당 연구는 선행 연구라 할 수 있는 윤철경 외(2013)의 연구에서 활용한 방식을 준용하여, 학업중단 청소년의 학업중단 이후의 경로를 학업형, 직업형, 무업형, 비행형 등 네 가지 범주로 구분하여 분석하였다. 경험 유형별로 각 유형을 한 번이라도 경험해 본 적 있는 청소년을 조사한 결과(복수응답의 허용), 학업형은 복학하여 학교를 다니거나, 대안학교에 다니거나 검정고시를 공부하는 경우로 조사 대상의 71.5%가 경험한 것으로 나타났다. 직업형은 직업기술을 배우거나 아르바이트를 하루 8시간 이상 하는 경우로 52.1%가 경험한 것으로 나타났다. 무업형은 특별한 일을 하지 않으며 혼자 지내거나 친구들과 돌아다니는 경우로 59.8%가 경험하는 것으로 나타났고, 비행형은 가출하여 지내거나 보호시설, 보호관찰, 소년분류심사원 등에서 생활하는 경우로 20.5%가 경험한 것으로 나타났다.

〈표 1〉 학업중단 이후 경험에 따른 분류

단위: %, 복수응답 포함

유형	해당 설문 문항	경험 비율
학업형	복학하여 학교에 다님	71.5
	대안학교에 다님	
	검정고시 공부를 함(검정고시 학원 등)	
직업형	직업기술을 배움 (직업학교나 학원, 직업훈련 프로그램에 참여)	52.1
	아르바이트를 하거나 취업하여 하루 8시간 이상 일을 함	
무업형	아무 일도 하지 않으며 혼자 지내거나 친구들과 어울려 놂	59.8
비행형	가출하여 친구 집이나 PC방에서 지내거나 가출팸과 생활함	20.5
	보호시설(자립생활관, 청소년 쉼터 등)에서 지냄	
	보호관찰을 받음	
	소년분류심사원에서 생활함	

위의 조사를 통해 학업중단 학생들의 학업에 대한 열망이 크다는 것과 검정고시가 학업중단학생들의 학력구비에 큰 영향을 미침을 보여준다고 할 수 있다. 무업형은 1 개월 정도 경험한 것도 설문에 포함하고 있어 다소 비율이 높게 반영된 것으로 볼 수 있다.

그런데 학업중단 청소년들이 특정한 달에 둘 이상의 경험을 할 수 있는 것을 감안 하여, 경험 유형의 조합에 따른 실제적 의미로 재분류가 필요하다. 예컨대 검정고시 준비(학업형)를 하면서도 아르바이트(직업형)를 할 수도 있기 때문이다.

구체적으로 살펴보면, 먼저 1회 경험은 경험한 해당 유형으로 분류한다. 그 외에 학 업형과 직업형, 학업형과 무업형은 학업형으로 분류한다. 직업형과 무업형이 동시에 경험하였다고 응답했을 경우는 직업형으로 분류한다. 비행형은 다른 유형과 무관한 것으로 보고 다른 유형을 함께 응답하였어도 비행형으로 구분하였다. 즉 별도 복수응 답을 제거하여 전체 경로를 유형화시켜 확인하고자 하였다.

〈표 2〉 학업중단 이후 경로 유형화

단위: %

유형	해당 설문 문항	경험 비율
학업형	학업형	47.6
	학업형 + 직업형	
	학업형 + 무업형	
	학업형 + 직업형 + 무업형	
직업형	직업형	18.9
	직업형 + 무업형	
무업형	무업형	21.6
	4개 유형 모두 해당없음	
비행형	비행형	11.9
	비행형과 다른 유형 모두 포함	

복수 응답을 구분하여 전체를 구분할 경우 학업형이 47.6%, 직업형이 18.9%, 무업형이 21.6%, 비행형이 11.9%인 것으로 나타났다.

2) 학업중단 학생 실태조사

정제영 외(2013) 연구에서는 학업중단 학생의 생활 실태를 파악하기 위해 "학교 밖 청소년 생활조사"를 실시하였다. 설문에 응답하는 학업중단 학생을 '청소년상담복지센터 · 청소년 쉼터'에 있는 527명과, '대안교육시설'에 다니는 731명으로 구분하여, 각각 별도의 설문지를 구성하여 조사를 실시하였다는 특징을 갖는다. 즉 기관 유형에 따라 학업중단 위기학생들의 생활실태를 파악하고, 학생들이 인식하는 다양한 문제점을 비교하여 분석하였다는 점에서 시사하는 바가 크다.

먼저 학업중단 혹은 정규학교 중단 이후 겪은 어려움이 무엇인지에 대한 설문의 응답으로, '청소년복지센터 · 쉼터'의 학생들은 주위 사람들의 편견이 가장 높다고 응답(57.4%)하였다. 그 외에 계획한 일이 제대로 되지 않는 것(46.4%)이나 부모와의 갈등이 심화(43.4%)되었다는 순서로 응답하였다. '비인가 대안교육시설'에 있는 학업중단 학생들조 주위 사람들의 편견이 가장 어렵다고 응답(37.8%)하였으며, 그 외에 계획한 일이 제대로 되지 않음, 부모와의 갈등, 경제적 어려움, 친구와의 비행이라 응답하였다. 해당 결과는 기관 유형에 상관없이 주위 사람들의 편견을 견디기 가장 어려움을 확인할 수 있으며, 학업중단 학생에 대한 정서적 지원을 강화하고 사회적 인식을 완화시킬 수 있는 정책적 노력이 요구된다.

두 번째로 학업중단 혹은 정규학교 중단 당시 주 상담자가 누구였는지를 묻는 질문에는 '청소년상담복지센터 · 쉼터'의 청소년들은 부모님(32.5%), 혼자(28.9%), 친구 및 선후배(13.7%), 기타(24.9%)라 대답하였는데, '비인가 대안교육시설'의 청소년들은 부모님의 비율이 74.5%로 압도적이었으며 부모님 이외의 가족이라는 응답도 11.9%나 되었다(그 외 기타는 13.6%). 이와 같이 학업중단에 대해 주로 상담한 사람에 대한 응답을 보면 청소년복지센터와 대안교육시설 학생에 따라 현저히 다르게 나타난다. 대안교육 혹은 직업 진로 등 교육적 동기가 상대적으로 학업중단의 원인이었던 학생들은 주로 부모님을 포함한 가족과 상의 하는 것으로 나타났으나, 청소년복지센터나 쉼터에 있는 학생들은 주 양육자를 포함한 가족의 정서적 지원이 다소 부족한 것으로 확인가능하다.

〈표 3〉 학업중단 혹은 정규학교 중단 당시 주 상담자

단위: %

구분	청소년복지센터/쉼터	대안교육시설
부모님	32.5	74.5
부모님 이외의 가족	9.7	11.9
담임교사	8.2	3.0
학교 상담교사	2.1	1.2
친구 및 선후배	13.7	0.8
혼자 결정했다	28.9	4.2
기타	5.1	4.4

세 번째로, 학업중단 학생들이 도움 받고 싶은 항목을 조사하였는데, '청소년복지센터·쉼터' 학생들은 생활비 지원을 48%로 가장 많이 응답하였으며, 검정고시 준비지원, 직업 훈련, 진로/진학상담, 직업 소개의 순으로 응답하고 있다. '비인가 대안교육시설'의 경우 생활비 지원, 진로/진학 상담, 직업훈련, 식사 지원, 검정고시 준비지원 순서로 나타났다. 이를 분석하면, 학업중단 학생들이 현 생활에서 가장 도움이 필요하다고 느끼는 부분은 두 기관 모두 동일하게 생활비 지원으로 나타나, 현재 학업중단 청소년들이 경제적인 어려움을 겪고 있음을 보여준다고 하겠다. 그 외에 검정고시 준비지원이나 직업훈련, 진로/진학 상담 등은 학업중단 청소년의 학업 지속 욕구가 반영된 결과라고 할 수 있다. 따라서 학교 밖 청소년들이 지속적으로 학업을 유지할 수 있는 경제적 차원과 제도적 지원이 함께 요구된다.

〈표 4〉 학업중단 학생들이 도움 받고 싶은 항목

단위: %

구분	청소년복지센터/쉼터	대안교육시설
생활비 지원	48.0	39.5
검정고시 준비지원	45.9	23.7
직업훈련	30.2	30.4
진로/진학상담	29.1	31.2
직업소개	23.7	20.2
숙소지원	22.4	18.9
식사지원	15.4	27.2
심리상담	15.2	15.2
의료지원	14.2	16.0
멘토 소개	13.9	.318
학업 복귀(적응)지원	10.6	6.7
상담/기관 안내 등 홈페이지	3.4	4.0

7. 학교 밖 청소년 실태

가. 학교 밖 청소년 실태

1) 학업중단 시기

여성가족부의 2016년 1월 발표에 의하면, 학교 밖 청소년 2명 중 1명이 고등학교 때 학교를 그만두고, 특히 고등학교 1학년 시기에 가장 많이 집중되었다.

구체적으로 고등학교 1학년(32.6%), 고등학교 2학년(14.2%), 중학교 졸업 이후 (11.6%), 중학교 2학년(9.9%) 순으로 조사되었다. 학업중단 시기를 학교급별, 학년별로 요약 제시하면 〈표 1〉과 같다.

〈표 1〉 학교를 그만 둔 시기

(단위: %)

초등학교(11.6)			중학교(38.1)				고등학교(50.3)		
저학년	고학년	비진학	1학년	2학년	3학년	비진학	1학년	2학년	3학년
2.6	3.0	5.8	7.8	9.9	8.8	11.6	32.6	14.2	3.2

출처 : 여성가족부(2016. 1). 2015 학교 밖 청소년 실태조사 결과.

2) 학업중단 후회 정도와 그 이유

여성가족부의 2016년 조사결과에 의하면, 학교 밖 청소년의 절반 이상(56.9%)이 학업중단을 후회한 적이 있는 것으로 나타났다. 이러한 학업중단 후회 비율은 비행집단 청소년(70.2%)이 일반집단 청소년(47.6%)보다 높았다. 이러한 결과를 요약하면 아래 〈표 2〉와 같다.

<표 2> 학업중단 후 후회 유무

(단위: %)

구분	후회한 적 있다	후회한 적 없다
전체	56.9	42.8
일반집단 청소년	47.6	52.1
비행집단 청소년	70.2	20.7

출처 : 여성가족부, 2015 학교 밖 청소년 실태조사 개요
— 조사대상 : 7개 유형 기관 315개소 내 학교 밖 청소년 4,691명(표본수)
— 조사기간 : 2015. 7. 6 ~ 9.30

또한, 학업중단 이후 후회한 이유로는 '다양한 경험 부재'(52.3%), '졸업장을 받지 못해서'(52.3%), '교복을 입지 못해서'(51.9%), '친구 사귈 기회가 감소해서'(44.6%), '학생 권리가 상실되어서'(33.3%) 순으로 나타났다.

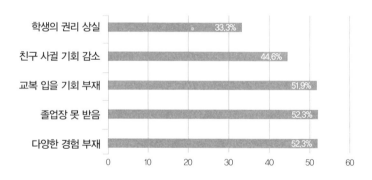

출처: 여성가족부(2016. 1. 28). 2015 학교밖 청소년 실태조사 결과.

[그림 1] 학업중단 후 후회 이유

3) 생활 전반, 경제활동, 거주형태, 건강관리

학교 밖 청소년들은 검정고시 준비, 대안학교, 대입준비 등 학업을 계속하거나 직업

훈련에 참여하는 등 대부분 건전하게 꿈을 키워나가고 있는 것으로 조사되었다.

<표 3> 학업중단 후 생활

구분	%
검정고시 준비	65.7
진로상담	53.1
대안학교	37.4
직업기술	25.1
심리상담	23.0
병원 입원	18.9
대입준비	14.3

출처: 여성가족부(2016. 1. 28). 보도자료.

학교 밖 청소년들은 경제활동에 있어서 아르바이트 경험 비율이 55.5%, 하루에 가장 많이 하는 일이 돈 벌기(7.87 시간)로 조사되는 등 경제적인 어려움을 겪고 있었고, 거주 형태도 53.5%가 집 이외에서 생활한 경험이 있고, 거주 장소는 친구집, PC방, 모텔이나 여관, 원룸이나 고시원 등 불안정하였으며, 건강관리에 있어서도 학업 중단 이후 건강검진 경험이 없다(60.8%), 최근 한 달간 주 3일 이상 신체활동 경험이 없는 청소년도 절반 이상(57.4%)으로 나타나는 등 매우 취약한 상황이었다.

4) 근로 경험

학교 밖 청소년들의 근로 실태는 2명 중 1명 이상(55.5%)이 근로경험이 있는 것으로 나타났다. 주요 업종은 음식점 서빙, 편의점 점원, 배달, 전단지 돌리기 등 단순 근로가 대부분으로, 매우 열악하고 위험한 근로 현실이었다. 또한, 근로계약서 작성(34.8%), 부모동의서 제출(45.7%) 등 계약 서류를 작성하여 제출하지 않는 등 노동인권 수준이 매우 저조하였다. 그리고 아르바이트를 그만 둔 이유로 육체적으로 힘들어서(30.4%), 보수가 적어서(8.3%), 근무 조건 및 환경이 열악해서(5.2%) 등 근로환경이 열악한 것으로 조사되었다.

5) 비행 및 범죄

학교 밖 청소년들의 비행 경험 실태를 살펴보면 흡연(90.6%)과 음주(84.3%) 경험이
매우 높은 것으로 나타났다. 이러한 결과를 성별로 살펴보면 여자의 경우 자살 생각
(32.6%)이, 남자의 경우 흡연(70.2%), 음주(66.4%), 음란물(42.4%)이 높게 나타났다.

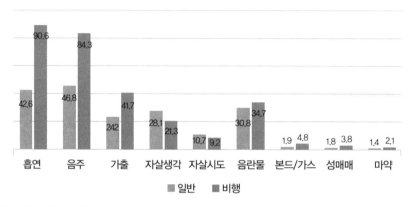

출처: 여성가족부(2016. 1. 28). 보도자료.

[그림 2] 학업중단 후 비행 경험(%)

또한, 범죄 실태는 경찰청 조사에 따르면 2010년부터 2014년 7월말까지(4년 7개월)
검거된 청소년 범죄자 42만 4,611명 중 학교 밖 청소년은 17만 1,127명으로 전체의
40.3%를 차지하였다. 이를 구체적으로 살펴보면, 범죄 검거 청소년 하루 254명 중 학
교 밖 청소년은 104명으로 5명 중 2명 정도였다. 과거 청소년 범죄는 청소년들이 피
해자인 경우가 많았으나, 최근에는 체계적으로 조직화되어 가해자로 바뀌고 있고, 성
매매나 폭력 등 강력 범죄에 가담하는 사건이 증가하고 있어 매우 우려스러운 현실임
을 알 수 있다.

나. 학교 밖 청소년의 애로사항 및 문제점

1) 애로사항

학교 밖 청소년들은 무계획적인 학업중단, 정보 부재로 학교 밖 적응에 어려움을 겪고 있는 것으로 나타났다. 이러한 결과는 교육부(2013)의 학교 밖 청소년 1,313명 대상 설문조사 결과에서 나타났는데, 응답자의 50%는 "학업중단 당시 학교로부터 안내받은 정보가 없었다", 28%는 "학업중단 당시 계획이 없었다"라고 응답하였다. 학업중단 이후 학교 밖 청소년들이 겪는 어려움으로는 지원 부족(18.0%), 낮은 자존감(13.0%), 불규칙한 생활태도(12.1%), 미래 계획이 없음(11.8%) 순으로 조사되었다.

출처: 여성가족부(2013). 학교 밖 청소년 욕구조사를 통한 정책개발 연구.

[그림 3] 학업중단 이후 학교 밖 청소년들이 겪는 어려움

학업중단 이후 새로 사귄 친구 수는 5명 이하가 77.2%(새로 사귄 친구 없음 36.3%, 1명~5명 이하 40.9%)로, 학업중단 청소년들의 대다수는 교우관계 맺기에 어려움을 겪고 있는 것으로 나타났다.

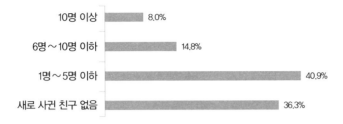

[그림 4] 학업 중단 이후 사귄 친구 수

학교 밖 청소년이 경험한 애로사항은 '선입견, 무시'가 42.9%로 가장 높게 나타났다. 그 다음으로 '진로 찾기 어려움'(28.8%), '부모와의 갈등'(26.3%), '일을 구하기 어려움'(19.9%), '의욕 없음'(19.7%), '교우와의 단절'(14.4%) 등으로 나타났다.

〈표 4〉 학업중단 후 애로사항

구분	%
선입견, 편견, 무시	42.9
진로 찾기 어려움	28.8
부모와의 갈등	26.3
없음	25.8
일을 구하기 어려움	19.9
의욕 없음	19.7
교우와의 단절	14.4

2) 문제점

학교 밖 청소년들의 문제점은 개인적으로는 학업중단이 청소년의 사회적 자립이나 성장을 저해한다는 점, 국가적으로는 학업중단이 인적 자원 손실, 범죄율 증가로 인한 비용 문제를 초래한다는 점이다. 이와 관련하여 한국교육개발원의 연구결과(2010)에 의하면, 학업중단으로 비행에 가담하거나 노동시장에서 취약계층으로 전락하는 등으로 인한 사회적, 경제적 손실은 약 11조 5,902억원으로 추산되었다.

다. 학교 밖 청소년이 바라는 대책

학교 밖 청소년이 정부에 바라는 대책으로는, '검정고시 지원'이 가장 높았고, 그 다음으로는 '건강검진 제공', '진로탐색 체험', '직업교육훈련' 순으로 조사되었다.

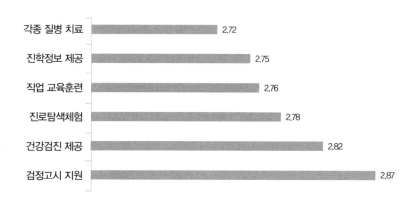

출처: 여성가족부(2016. 1). 2015 학교 밖 청소년 실태조사 결과.

[그림 5] 학교 밖 청소년이 바라는 대책(5점 척도)

제2장

학업중단숙려제도

1. 학업중단숙려제의 개념과 제도

가. 학업중단숙려제의 개념

1) 종전의 학업중단은?

학업중단숙려제가 실시되기 이전에는 학생이나 학부모가 자퇴의사를 밝힐 경우에 자퇴처리가 손쉽게 이루어졌지만, 학업중단에 대한 깊이 있는 전문적 상담이 없이 무작정 중단하는 경우가 많았다. 또한 이에 맞는 마땅한 대체프로그램이 없었으며 비공식적인 설득절차를 걸쳐 이루어졌다. 그리고 학업중단 이후에는 생활에 대한 대책 역시 없는 경우가 많았다.

2) 학업중단숙려제란?

학업중단의 징후가 보이거나 학업중단 의사를 밝힌 학생에게 2주 이상의 숙려 기간을 두고 상담이나 진로체험 등의 프로그램을 실시하여 학업중단이 발생하지 않도록 하기 위해 종전의 학업중단을 보완한 제도이다. 여기서 '학업중단 징후'란 5일 이상 장기결석하는 경우를 말하는 것이다.

나. 학업중단숙려제의 목적

1) 학업중단숙려제는 왜 실시하나?

학업중단숙려제의 실시 목적은 학생들이 심사숙고하지 않고 감정적으로 학업중단에 이르는 문제를 예방하기 위한 것이다. 이는 학교적응력을 증진시켜주고, 무분별한 학업중단으로 인한 위험상황을 방지하며, 학업중단 이후의 진로에 대한 대비 프로그램도 소개하여 학생들을 돕는다.

2) 학업중단숙려를 꼭 제도화해야 하나?

개인적 차원의 숙려만으로는 학업중단예방이나 중단후의 교육적 대안을 찾기 어려운 것이 사실이다. 그렇기 때문에 제도화(법제화)하지 않으면 공식적인 절차를 거치지 않아 흐지부지될 가능성이 높다. 따라서 학업중단을 담임교사의 힘만으로는 감당하기 어려우므로 제도적 지원이 필요하다고 할 수 있다.

다. 학업중단숙려제의 실시 배경

2009년 교육부 의뢰로 김성기(협성대 교수)가 '학업중단 청소년 실태 분석'연구를 수행하고, 보고서에서 '학업중단숙려제도'를 제안하였다.

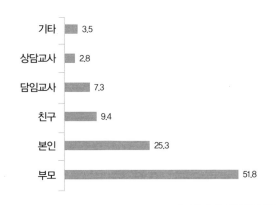

[그림 1] 학업중단시 상담자

위의 그림을 보면 최초 학업중단시 상의한 사람은 과반수가 부모님, 다음으로 본인(25.3%), 친구(9.4%), 담임교사(7.3%), 기타(3.5%), 학교 상담교사(2.8%)의 순으로 나타난 것을 알 수 있다. 학교 교사들이 학업중단을 예방하거나 대안적 기회를 찾아주는 데 있어 상담자로서의 역할을 하지 못했던 것으로 나타났다. 또한 약 1/4은 본인이 스스로 결정하고 있어 학업중단에 대한 상담이 제대로 이루어지고 있지 않다.

학교를 그만 둔 후 다시 학교로 복교·복학·재입학하는 비율은 보호관찰소 대상자들이 30.0%, 거리응답자가 21.1%, 시설(쉼터나 비인가대안학교) 응답자들은 10.6%였다. 시설 응답자들은 이미 대안적 교육공간을 찾았기 때문에 복교율이 낮았다. 거리 응답자, 즉 보호관찰소나 시설 등에 의해서 관리되지 않는 청소년들에 대해서 대안적 교육기회를 찾아 주는 것이 급선무이다.

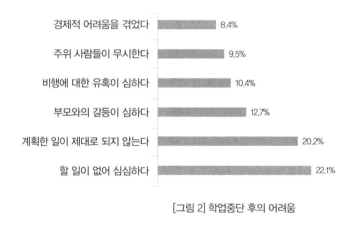

[그림 2] 학업중단 후의 어려움

학업중단 이후 과반수가 아르바이트를 한 적이 있다고 하였고, 어떤 일로 돈을 벌었는지(수입원)를 물어본 결과 배달 11.4%, 주유원 8.2%, pc방 6.5%, 패스트푸드점 4.6%, 물건판매 4%, 성관련 1.2%로 나타났다. 학업중단 청소년들 다수가 사회에서 취업을 하고 있기 때문에 이들이 노동력 착취를 당하거나 부당한 대우를 받지 않도록 정부의 관리가 필요하다.

대안학교 경험여부를 물어 본 결과, 보호관찰 대상자의 86%와 거리 응답자의 86.2%가 대안학교를 경험해 보지 못했다고 응답했다. 즉 대부분의 학업중단자들이 학교를 그만 둔 이후로 적절한 대안적 교육기회를 경험해 보지 못하고 있다. 따라서 학업중단 시점에서 학교담당자들이 이들에게 대안적 교육기회를 얻을 수 있는 정보를 제공하도록 해야 한다.

학교를 그만 둔 이후 2/3정도인 66.5%(602명)가 한 번도 검정고시에 응시하지 않았다고 응답했다. 결과적으로 학업중단자 대부분은 중단학교급의 학력을 취득하지 못한 상태로 사회에 진출하게 된다. 이는 청소년기에 적절한 교육기회를 얻지 못하는 결과를 낳는다. 따라서 학업중단자에 대한 주기적 검정고시 정보 제공시스템을 도입해야 한다.

2012년 교육과학기술부와 여성가족부가 공동으로 '학업중단 숙려제 도입'을 발표하고, 학교밖으로 떠나는 청소년의 수를 줄이기 위하여 '학업중단 숙려제'를 2012년 6월부터 시행한다고 밝혔다. 이에 따라 일부 교육청에서 학업중단숙려제를 시범 실시하였다. 2013년 10월 30일『초·중등교육법 시행령』제54조 제5항과 제6항을 신설하여 학업중단숙려제의 법적 근거를 마련하였다.

이와 같이 만들어진 학업중단숙려제의 과정은 다음과 같다.

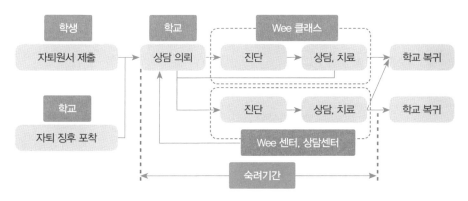

출처: 교육과학기술부 · 여성가족부(2012). '학업중단 숙려제 도입'보도자료

라. 학업중단숙려제의 법적 근거

학업중단숙려제의 법적 근거는「초·중등교육법」과 동법 시행령에서 구체적으로 찾아볼 수 있다.

『초·중등교육법』

– 제28조(학습부진아 등에 대한 교육) 국가와 지방자치단체는 학습부진(學習不振)이나 성격장애 등의 사유로 정상적인 학교생활을 하기 어려운 학생과 학업을 중단한 학생들을 위하여 대통령령으로 정하는 바에 따라 수업일수와 교육과정을 신축적으로 운영하는 등 교육상 필요한 시책을 마련하여야 한다.

> **〈참고〉 학습부진과 학습장애**
>
> 학습부진이란 정상적인 지적 능력을 갖고 있음에도 주의력결핍이나 학교부적응 등의 내적·심리적 문제나 가정문제 등의 외적·환경적 문제로 인해 최저 수준의 학업 성취수준에도 미치지 못하는 경우를 말한다.
>
> 학습장애란『장애인 등에 대한 특수교육법』상 장애의 한 종류로서 뇌의 기능장애나 인지적 결함 등에 의해 학습을 수행하기 곤란한 상태를 말한다.

「초·중등교육법 시행령」

제54조(학습부진아 등에 대한 교육 및 시책)

④ 제3항에 따른 지원사업 대상학교의 선정기준, 대상학생의 선정절차 등 지원사업에 관하여 필요한 세부사항은 교육감의 의견을 들어 교육부장관이 정하여 고시한다.

⑤ 학교의 장은 학업을 중단할 뜻이 있거나 가능성이 있다고 인정되는 학생에게는 전문상담기관의 상담이나 진로 탐색 프로그램 등을 안내하거나 제공하여 학업 중단에 대하여 숙려(熟慮)할 기회를 주어야 한다. 이 경우 학교의

장은 그 숙려 기간을 출석으로 인정할 수 있다.

⑥ 제5항에 따른 학생에 대한 판단기준, 숙려 기간, 숙려 기간 동안의 출석일수 인정 범위, 전문상담기관의 범위와 프로그램의 내용, 그 밖에 학업 중단 숙려에 필요한 사항은 교육감이 정한다.

2009년에 국무총리 훈령으로 '지역사회청소년통합지원체계 구성 및 운영에 관한 규정'을 제정하여 "필수연계기관의 협력의무 등"을 규정했으나 현재는 타법에 의해 폐지되었다. 그러나 여전히 타법에 의해 기관협력은 가능하다.

교육부의 「학교생활기록 작성 및 관리지침」에서는 다음과 같이 출결상황 관리에 대한 규정을 두고 있다.

별지 8. 출결상황 관리

2. 결석

나. 다음의 경우에는 출석으로 처리한다.

(8) 기타 부득이한 사유로 학교장의 허가를 받아 결석하는 경우

마. 학업중단숙려제의 대상

초등학교와 중학교는 의무교육기관으로서 공식적으로 학업중단을 인정하지 않는다. 따라서 초등학교와 중학교의 경우는 '위탁교육제도' 등을 이용해 학업중단을 예방해야 한다. 물론 초등학교와 중학교의 경우에도 장기결석을 예방하기 위해 학업중단 숙려제 프로그램을 운영할 수 있다.

대상학생은 다음과 같다.

① 자퇴징후가 보이는 학생

② 자퇴원을 제출한 학생

질병, 사고, 유학, 평생교육시설(대안학교, 방통고 등) 입학 등의 사유로 자퇴를 희망할 경우는 숙려제의 대상으로 하지 않을 수도 있다.

학부모는 학생의 보호자로서 학생의 향후 진로 등에 대해 자세히 안내 받아야 할 필요가 있어 가급적 상담을 실시하되, 학부모가 상담을 거절 할 경우는 학생만 상담을 실시한다. 이때 1차 상담시 학생 상담, 2차 상담시 학부모, 학생 상담 등 여건에 맞춘 운영도 가능하다.

고졸 검정고시 응시자의 경우, 「고등학교 졸업학력 검정고시 규칙」제10조제3항제2호에 따라 검정고시 공고일 6개월 이전에 자퇴하여야 한다. 따라서 숙려제로 인해 고졸 검정고시에 응시할 수 없는 경우가 발생시에는 숙려제의 대상으로 하지 않을 수 있다. 그러나 검정고시 응시 6개월 직전까지 최대한 숙려제 활동에 참여하도록 유도할 필요가 있다. 질병, 사고, 유학 등 불가피한 사유로 자퇴를 희망할 경우도 대상학생에 제외된다.

〈참고〉「고등학교 졸업학력 검정고시 규칙」제10조제3항: 검정고시에 응시할 수 없는 자

• 고등학교 또는 「초·중등교육법 시행령」 제98조제1항제2호의 학교에서 퇴학된 사람으로서 퇴학일부터 제8조제3항에 따른 공고일까지의 기간이 6개월이 되지 않은 사람. 다만, 「장애인복지법」 제32조에 따라 등록한 장애인으로서 신체적·정신적 장애로 학업을 계속하는 것이 불가능하여 퇴학된 사람은 제외한다.

• 여기서 '퇴학'은 징계로서의 퇴학만이 아니라 제적을 포함한다.

숙려기간 후에도 최종적으로 자퇴를 하겠다고 할 경우 자퇴처리 기준일은 '숙려제가 종료되는 날'로 한다.

2. 학업중단숙려제 시행절차

가. 학업중단 위기징후 포착(1): 상담

> **주체:** 담임교사(담임학생)나 상담교사(요주의학생)
> **방법:** 상담(본인 및 급우 대상) 및 관찰
> **시기:** 학기초
> **대상:** 전체 학생
> **자료:** 학생 생활 실태 조사 및 생활지도 상담자료 활용

학업중단 위기징후를 포착하기 위해서는 학생에 대해 정기적으로 정보를 수집해야 한다. 담임학생에 대해서는 기본적으로 담임교사가 상담을 하고, 주의와 관심을 요하는 요주의학생에 대해서는 상담교사가 면밀한 상담을 진행해야 한다.

상담을 할 때는 당사자뿐만 아니라 그의 급우들에 대한 정보를 얻을 수 있도록 상담해야 한다. 본인의 입으로는 자신의 상황이나 생각에 대해 충분히 정보를 제공하지 않을 수 있기 때문이다. 또한 일상적으로 학생행동에 대해 관찰함으로써 문제행동이나 위기 징후를 포착하도록 노력해야 한다.

상담이나 관찰의 시기는 학기초부터 면밀히 진행해야 한다. 그 대상은 단지 위기학생만을 대상으로 하는 것이 아니라 전체학생을 대상으로 해야 한다. 위기는 잠재되어 있는 것이지 드러나 있는 것이 아니다. 겉으로 드러나지 않는 문제를 안고 있던 학생이 순식간에 위기행동을 보일 수 있기 때문이다. 평소에 문제행동이 보이는 학생에 대해서는 오히려 대처하기가 쉽지만 잠재되어 있다가 폭발하는 경우에는 감당하기 곤란한 상황이 전개될 수 있기 때문이다.

이러한 상담은 단지 말로만 하는 것이 아니다. 학생생활실태조사나 생활지도 상담 자료 등 최대한 과학적 근거자료를 갖고 진행하는 것이 바람직하다. 학생적성검사나 진로직업관련 검사 결과를 활용하는 것도 상담을 할 때 유용할 수 있다.

나. 학업중단 위기징후 포착(2): 전조행동 파악 및 조치

학생의 전조행동을 발견한다. 전조행동이란 학생의 반복적인 지각, 무단조퇴, 무단 결석, 장기결석 등을 말한다. 무단결석 시 속히 가족에게 연락을 취하고 사유를 파악 한다. 만약 학생이 장기결석(5일)을 할 경우에는 전화로 연락을 하고 전화가 불통일 경우에는 가정방문을 하는 등 적극적인 조치를 취해야 한다. 그럼에도 불구하고 장기 결석 미해소 시 주민자치센터에 연락하여 상황을 파악하고 필요한 경우에는 경찰에 도 연락을 취해야 한다.

『초·중등교육법』시행령
- 장기결석관련 미입학아동 처리
- 제22조(미입학아동 등의 통보) 초등학교의 장은 제17조제2항 및 제3항의 규정에 의하여 취학통보를 받았거나 제21조의 규정에 의한 전학절차를 마 친 아동 또는 학생 중 입학기일 또는 전학 기일후 7일 이내에 취학 또는 전 입학 하지 아니하거나 주소지와 실제거주지가 다른 자가 있을 때에는 그 성 명을 당해 아동 또는 학생의 거주지읍·면·동의 장에게 통보하여야 한다.

다. 학업중단숙려제 안내

위기징후를 발견하거나 자퇴원 제출 시 담임교사 및 상담교사와 상담을 한다. 이때 숙려제를 참여하는 동시에 자퇴원은 반려 처리를 하고, 숙려제를 종류한 후에도 학업중단을 해야할 때에는 자퇴원을 다시 제출해야 한다.

상담 과정에서 다음과 내용을 안내한다. 먼저 학업중단 숙려제 매뉴얼 등의 자료를 안내한다. 학업중단 이후의 상황 및 학생지원사업이나 그와 연관된 지원기관 등을 학생에게 상담 시 안내한다. 필요한 경우 검정고시 제도도 교육청 사이트가 있음과 검정고시에 관한 기본적 사항을 안내한다.

라. 학업중단숙려제 운영방안 결정

학업중단 예방위원회 등을 개최하여 학생의 상황을 파악하고 해당 학생에게 맞는 숙려제 프로그램의 운영방안을 협의한다. 그 후에는 숙려제 기간을 설정하고 내부결재를 맡아 시행한다.

마. 개인정보 제공 동의서 작성

개인정보 제공 동의서 작성을 안내한다. 이때 동의서가 학생지원기관과의 연계 지원을 위한 것임을 함께 설명한다. 동의서 작성을 거부할 경우에는, 교내 프로그램에 참여하게 하거나 필요한 경우 학교에서 직접 연계기관에 해당 학생을 인솔하여 외부기관 프로그램 참여하는 방법이 있다. 이때 학생을 위한 일이라고 해서 해당 학생이나 학부모의 동의 없이 임의로 외부기관에 학생 개인정보를 제공해서는 안된다.

바. 교내 상담

WEE 클래스 또는 상담실을 이용하도록 한다. 진단, 상담, 프로그램에 참여할 수 있도록 하고 필요 시 외부기관과 연계하여 상담활동을 펼칠 수 있다.

사. 외부기관 프로그램 참여

외부기관으로는 주로 WEE센터 등을 활용하고 주무부서에서 해당 기관과 미리 사전에 협의를 하는 것이 좋다. 이때는 학생이 해당기관의 숙려제 프로그램에 참여할 수 있도록 의뢰하는 정식 공문을 학교에서는 발송한다.

외부기관에서는 의뢰받은 학생이 진단, 상담, 프로그램에 참여할 수 있도록 돕고, 담임교사는 지속적으로 학생 및 학부모와 연락을 유지하여 해당 기관에서 학생이 어떻게 활동하고 있는지 상황을 수시로 체크해야 한다.

아. 학업중단숙려제 운영 후의 세 가지 경로

1) 기간 연장
내부나 외부 프로그램 참여후 연장이 필요한지 담당자와 상의하고 연장이 필요한 경우 '기간연장 결재' 후 재추진(담임)한다.

2) 학업지속
학생이 학업을 지속하겠다고 할 경우에는 출결인정기간에 대해 담임교사가 결재를 받고 자퇴원 제출자는 자퇴철회서를 제출한다. 그리고 다시 학업을 지속해야 하므로 학교적응 프로그램을 실시한다. 교과진도를 확인하고 진로지도와 상담도 추가적으로 진행하여 학생이 학교생활에 잘 적응할 수 있도록 안내한다.

3) 학업중단
끝내 학생이 학교를 그만 두겠다고 할 경우에는 자퇴원을 다시 제출케 하고 학적을 처리한다. 학기중이라면 수업료 및 학교운영지원비를 반환해야 하는데 이 때 행정실에서 일처리를 하도록 알려준다. 이렇게 자퇴원을 다시 제출한 시점이 자퇴원 최종

처리 시점이 된다. 학교를 그만 둔다고 하더라도 학업중단후 지원을 위해 개인정보제공동의서 작성을 권유하고 제출학생에 한해 교육청, 외부기관에 정보를 제공한다. 마지막으로 학교를 그만 둔 후에도 학교밖청소년지원기관이 있음을 안내하고 검정고시제도 등 보완적 학력인정제도가 있음을 안내한다. 여기서 말하는 보완적 학력인정제도란 검정고시, 학력인정 평생교육시설, 평생학습계좌제 등을 말한다.

3. 학업중단숙려제 활동내용

가. 개인상담

학업중단숙려제에 있는 학생들에 대해 다음과 같이 개인상담 활동을 실시한다. 장소는 교내 WEE클래스, 상담실, WEE센터, 청소년상담복지센터 등에서 실시한다. 전문상담교사, 상담사, 담임교사, 멘토 등이 상담을 할 수 있다. 상담내용으로는 학업중단 의사, 가정상황, 학교적응도, 교우관계, 교사와의 관계, 기타 진로나 꿈, 질병 등에 대해 상담한다. 단지 말로만 하는 것이 아니라 내담자 문제영역 체크리스트나 각종 검사지, 그리고 그 결과를 활용하여 상담하는 것이 좋다.

나. 멘토링

학업중단숙려제 학생에게 도움이 될만한 대상을 파악하여 멘토링 활동을 실시한다. 특히 꿈이나 진로에 대해서는 학교 밖의 사회인이 더 도움이 될 수 있다. 일상적으로 대하는 교사 외에 많은 직업인을 접하면서 새롭게 꿈을 안게 되는 경우를 많이 볼 수 있다.

먼저 위기학생에 대한 상담과정에서 학생이 호감을 가진 교사를 파악하고 그 교사를 멘토로 참여하기를 권유하는 것이 좋다. 그 외에도 외부상담원이나 일반대학생(상담전공 대학생), 졸업한 선배(대학생 등), 재학중인 선배, 동급생, 외부 직업인, 학부모 등이 가능하다.

멘토링 활동으로는 개인상담부터 출발하여 학습방법을 지도하는 것도 좋다. 예컨대, 학습플래너, 스케줄러 등을 같이 만드는 것이 좋다. 상담일지를 작성하여 학생이 멘토링 활동 이후에 어떻게 변하고 있는지를 관찰, 분석하는 것이 필요하다.

다. 또래상담

청소년이 뽑은 고민상담 대상 1순위는 또래친구였다. 비슷한 연령에 의한 공감대, 유사한 경험과 가치관·문화를 갖고 있어 지지적 도움을 제공할 수 있다.

또래상담을 하기 위해서는 기술이 필요하다. 관계증진기술을 배워 먼저 다가가 친구가 되어 줄 수 있어야 한다. 적극적 경청과 공감, 기본대화전략을 배워 친구의 고민을 진심으로 들어주고 대화한다. 자기관리, 문제해결전략, 중재전략을 배워 자기리더쉽, 공동체리더쉽을 통해 친구를 돕는다.

솔리언 또래상담자 훈련 프로그램이 대표적인데 이에 대해서는 한국청소년상담복지개발원에서 자료를 얻을 수 있다.

[그림 1] 솔리언 또래상담자 훈련 프로그램

출처: 한국청소년상담복지개발원 http://www.peer.or.kr/

이 외에도 감정단어 빙고게임, 핵심감정순위매기기, 긍정적 동기찾기, 감정공감표현 연습하기 등과 같은 다양한 활동을 할 수 있다.

라. 학습지원 : 학습종합 클리닉 센터

학업중단숙려제 대상 학생이 학교로 신청을 하면 접수 및 면접과정을 통하여 선별한다. 그 후 진단과정을 통하여 대상학생의 학습상황을 심층 진단한 후 학교로 직접 방문하여 학습상담을 진행한다. 학생의 상황에 따라 전문기관(학습바우처)에 연계하여 도움을 요청할 수 있다. 학생은 이러한 학습 클리닉 센터를 통하여 학습에 필요한 도움을 얻게 되고 그 이후에도 학생 및 학부모와 연계하여 대상학생이 학습을 잘 하고 있는지 사후관리 절차도 진행한다.

학습종합 클리닉 센터의 주요 기능과 상담절차는 다음과 같다.

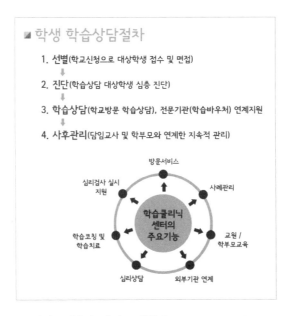

출처: 교육부 http://www.moe.go.kr/agenda/mainpolicy/surve07.html

84

마. 복지지원

학업중단숙려제 학생을 교육복지우선지원사업의 대상학생으로 선정하여 지원할 수 있다. 교육청마다 학생복지 지원의 명칭이 상이하다. 그 외 청소년상담복지센터, 청소년쉼터(http://www.jikimi.or.kr/), 지역아동센터 등과 연계하여 지원활동을 할 수 있다.

바. 진로탐색 및 설계

진로탐색 및 설계와 관련된 자료는 한국직업능력개발원에서 찾을 수 있다. WEE 센터에서의 학생상담 활동 및 직업프로그램을 통하여 학생의 진로를 설계할 수도 있다. 민간에서 운영하는 직업진로 체험센터를 적극적으로 활용할 수도 있다. 학생이 원하는 직업분야의 전문가와 직업 멘토링을 맺거나 직접 인턴쉽 활동을 경험함으로써 진로를 설계하는 데 도움을 줄 수 있다.

사. 직업진로체험 사례 : Learning through Internship

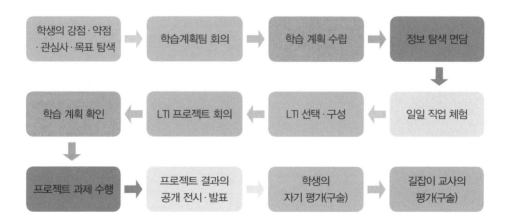

아. 대안교육

학교 내 대안교육을 이용하거나 위탁형 대안교육시설 또는 WEE 스쿨 등을 통하여 학업중단숙려제 학생들이 학교생활을 계속할 수 있도록 도울 수 있다.

자. 문화체험

학교 자체에서 프로그램을 직접 운영한다. 또는 그 외 여행 프로그램, 종교기관에서 운영하는 프로그램에 참여할 수 있는 기회를 확대하고 각종 봉사활동을 통하여 학업중단숙려제의 학생들의 문화체험 경험을 확대한다.

4. 학업중단숙려제 지원 정책

가. 학업중단 예방 및 대안교육지원센터 설치·운영

교육부는 학업중단 예방 및 대안교육지원센터를 한국청소년정책연구원 내 설치하고 다양한 대안교육 프로그램을 활성화시키도록 하고 있다. 이 센터에서는 학업중단 예방 강화, 학업중단숙려제 운영, 학업중단 학생 지원 등의 사업들을 펼치고 있다. 또한 학업중단숙려제 관련 매뉴얼을 개발하고 보급하며 학업중단숙려제 우수사례 공모전을 개최하고 교육용 동영상 등 홍보 콘텐츠를 개발하여 학업중단 예방에 힘쓰고 있다.

나. 학업중단 다수 발생학교 집중 지원

교육부는 학업중단이 많이 발생하는 학교를 '학업중단 다수 발생학교'로 선정하여 학업중단예방을 위한 컨설팅 등을 펼치고 있다. 대상교는 2014년에 200개교, 2015년에 458개교였다. 해당 학교 선정기준은 부적응사유(가사, 학교부적응 등) 학업중단자가 전년도에 15명 이상 발생한 고교(2015년 기준. 2014년에는 20명 기준)이다. 이 학교들에 대해서는 숙려제 프로그램 운영 예산을 교당 평균 천만원(2015년)을 지원했다. 또한 학교방문컨설팅을 행하고, 교육복지우선지원사업학교로 선정하여 교육복지사를 배치하도록 하였다. 고등학교에서 학업중단은 주로 고교1학년에서 가장 많이 발생하기 때문에 1학년에 집중적으로 프로그램을 운영하도록 했다.

〈표 1〉 2015년 학업중단 예방 집중지원학교 현황

구분	서울	부산	대구	인천	광주	대전	울산	세종	경기
학교 수	76	37	20	20	9	8	10	1	153
구분	강원	충북	충남	전북	전남	경북	경남	제주	합계
학교 수	15	15	20	17	15	13	24	5	458

출처: 교육부(2015). 2015년 학업중단 예방 집중지원학교 컨설팅 위원 워크숍

다. 학업중단 예방 집중지원 학교 컨설팅 점검사항

이와 같은 컨설팅을 함에 있어 단계별로 점검할 사항은 다음과 같다.

1) 학업중단 조기 예방 단계

단계	항목	점검사항
학업 중단 조기 예방 단계	학업중단 다수발생 원인 파악 및 조기발견 노력	학업중단 발생하는 주된 사유(학교 내 · 외부 환경) 파악
		학업중단 위기학생 조기발견 및 관리를 위한 노력
	학교단위 학업중단 예방 체제 구축	학업중단 예방을 위한 학교 내 업무체계 구축 현황
	학업중단 예방을 위한 프로그램 운영	학업중단 숙려제 이전 단계의 학업중단 조기 예방 프로그램 운영 여부 (대안교실, 교육복지우선지원사업, 학교에서 자체적으로 기획한 프로그램 등)
	장기결석자에 대한 대응	학교의 노력, 담임교사 또는 상담사의 방문노력 등

2) 학업중단 위기 단계

단계	항목	점검사항
학업 중단 위기 단계	학업중단 위기학생 발견 에 따른 학교의 대응 노력	학생에 대한 개입(상담 등)노력 및 개입노력의 적정성
		위기원인별 맞춤형 숙려제 운영을 위한 학업중단 예방위 원회의 노력 (숙려제 프로그램 기획 시 학생, 학부모, 담 임교사, 상담교사 등 의견 반영 여부 등)
	학업중단 예방을 위한 프로그램 운영	상담, 학습, 진로, 문화체험 활동 등 다양한 프로그램 제공
		다양한 프로그램 운영을 위해 대안교실, 교육복지우선지 원사업 등 관련 사업 및 지역사회 자원(전문상담기관, 공 공시설, 복지기관 등) 연계·활용 정도

3) 학업중단 사후 관리 단계

단계	항목	점검사항
학업 중단 사후 관리 단계	학업중단을 결정한 학생 에 대한 사후 관리 노력	학업중단 학생이 도움을 받을 수 있는 지원기관 정보 제공
		학업중단 학생이 학교 밖 청소년 지원센터에 연계될 수 있도록 학생 동의를 받은 후 연락처 등 개인정보를 교육 청에 제공
		학업중단 이후 학생·학부모와의 지속적 연락 유지
		학업중단 이후 생활 및 활동 파악을 위한 노력
		학업복귀를 위한 지원 노력
	복교를 희망하는 학생에 대한 지원 노력	복교생에 대한 학교의 풍토 및 분위기
		복교생에 대한 지원(상담, 학업 등 학교 적응 지원)

라. 학업중단숙려제 내실화

교육부는 학업중단숙려제를 내실화하기 위해 학업중단 예측모형을 개발하여 시범
운영한다. 학업중단 예방 집중지원학교 150교, 인근학교 150교를 선정하여 출석률,
학업성취도 등의 변인을 고려하고 학업중단가능성을 예측한다. 이러한 시스템은 이
미 호주와 미국 등에서 운영되고 있다.

꿈키움멘토단을 확대 운영한다. 전문직업인, 대학생 등이 학업중단 위기학생에게 진로상담 등의 1:1 멘토링을 제공한다. 2014년에 2,760명이었던 것이 2015년에 3,000명으로 현재 규모를 키워나가고 있다.

마. 학업중단 학생 정보제공 및 연계강화

학교 밖 청소년 지원에 관한 법률」이 제정되어 2015년 5월부터 시행되고 있다. 이 법 제15조(지원센터에의 연계)에서 학교장은 소속학생이 학교 밖 청소년이 되는 경우에 해당 청소년에게 학교 밖 청소년지원프로그램을 안내하고 학교밖 청소년 지원센터를 연계하여야 한다고 규정하고 있다. 연계 시 학교장과 단체장, 지원센터장은 해당 청소년에게 정보 수집, 이용목적, 수집범위, 보유 및 이용기간, 파기방법을 고지하고 동의를 받아야 한다. 정보수집범위는 성명, 생년월일, 주소, 연락처(전화, 이메일 등)이다.

바. 학업중단 위기학생 지원시스템 구축

학업중단 위기학생 지원시스템을 NEIS에 탑재한다. 학교에서는 학업중단숙려제 운영 현황을 파악하고 학생정보제공 동의서를 받도록 한다. 또한 각 교육청으로 학업중단숙려제 참여현황 및 중단학생 정보를 실시간 보고(전송)해야 한다. 교육청에서는 실시간 자료를 접수하여 통계를 자동으로 생성할 수 있도록 자료를 관리하고 활용(정보 및 지원 프로그램 제공, 기관연계 등)한다.

학습하기

5. 학업중단숙려제 운영사례와 효과

가. A공고 사례

1) 학업중단 현황

연도	학년	재적생수	학업중단자수	중단비율
'13	1	312	17	5.4%
	2	271	25	9.2%
	3	229	6	2.6%
	계	812	48	5.9%
'14	1	311	15	4.8%
	2	293	7	2.4%
	3	251	0	0.0%
	계	855	22	2.6%
'15	1	313	2	0.6%
	2	298	0	0.0%
	3	290	0	0.0%
	계	901	2	0.2%

2) 구성원 현황

학생	학업중단 학생들의 성적수준 : 중 · 하 수준
	학업중단 학생들의 경제적 수준 : 중 · 하 수준 (대부분 어려운 편)
	학업중단 학생들의 아르바이트 현황 : 비교적 많이 아르바이트를 하며 생활을 하는 편 (주로 배달, 고기집 아르바이트)
학부모	학부모의 학생 관심 정도 : 대부분 방임적 태도를 보이고 학생에 대한 관심이 많이 없는 편

3) 학교 환경

학교 내부	교사–학생관계 : 비교적 밀접한 편, 하지만 갈등상황이 조금 있음
	입시와 관련된 학교 분위기 : 진로 및 취업 연계 활성화 되어 있음
	학교규범 적용의 엄격성 여부 : 잘 되어 있는 편
	동아리 활동 등의 활성화 여부 : 활성화 되어 있음
학교 외부	학교시설의 부대시설 상황 : 교실 외 복지시설(○), 동아리실(○), 상담실(○), 교육복지실(×)
	학교 주변 지역적 특성 : 공단 근처, 주택가 지역사회 기관과 학교와의 연계 수준 : 상담시설 및 교육 연계 잘 되어 있는 편

4) 활동내용

■ 집단 음악치료 프로그램

• 대상 : 학업중단 위기 학생(12~14명)

• 실시 일자 : 2015.05.~2015.12.

• 활동 시간 : 1회기에 2시간씩 진행

• 활동 회기 : 12회기

■ 집단 연극치료 프로그램

• 대상 : 학업중단 위기 학생(18명~20명)

• 실시 일자 : 2015.05.~2015.12.

• 활동 시간 : 1회기에 2시간 ~ 2시간 30분씩 진행

• 활동 회기 : 6회기

■ 집단 힐링치료 프로그램

• 대상 : 학업중단 위기 학생(18명~25명)

- 실시 일자 : 2015.05.~2015.12.

- 활동 시간 : 1회기에 2시간씩

- 활동 회기 : 4회기

■ 교육공동체 야유회

- 대상 : 학업중단 위기 학생 35명 + 교사 20명 + 학부모 25명

- 실시 일자 : 2015.05.~2015.12.

- 활동 시간 : 3~5시간

- 예산 산출기초

- 홍보현수막제작 : 100,000원

- 도시락 비 : 7,000원×80명

- 간식비 : 3,000원×80명

5) 효과

연도	참여학생 수 (A)	숙려제참여학생 중 학업지속학생수(B)	B/A
'14	50명	30명	60%
'15	15명	12명	80%

나. B 일반고 사례

1) 학업중단 현황

연도	학년	재적생 수	학업중단자 수	중단 비율
'13	1	375	32	8.53%
	2	332	19	5.72%
	3	409	3	0.73%
	계	1116	54	4.84%
'14	1	374	12	3.21%
	2	349	14	4.01%
	3	317	7	2.21%
	계	1040	33	3.17%
'15	1	401	1	0.25%
	2	365	0	0%
	3	340	2	0.59%
	계	1106	3	0.27%

2) 구성원 현황

학생	• 학생 간의 학력차가 심함 • 기본생활습관 정착 미흡 • 가정 및 학교생활 적응상의 어려움 • 남녀 공학에 따른 생활지도에 문제를 겪고 있음 • 저소득층 및 결손가정 학생 중 다수의 아이들이 아르바이트를 하며 방과후에 시간을 보냄
학부모	• 저소득층이 상당수로 교육적 열의가 다소 미흡함 • 결손가정 및 경제적으로 어려운 가정이 비교적 많음

3) 업무 체계

구분	부서명	역할
주무부서	학년부	총괄
		1학년 학생 학업 중단 관리
		2학년 학생 학업 중단 관리
		특성화 학생 학업 중단 관리
관계부서	학생자치부	We-class 상담
	교무기획부	학적 처리 및 통계
	교육연구부	기초학력 미달자 관리

4) 활동 내용

■ '꿈꾸리(꿈꾸는 동아리)' 운영

• 대상 : 1, 2학년 대상학생.(10~15명)

• 실시기간 : 2015년 5월 ~ 2015년 12월

• 매주 4시간(화 6, 7, 금 6, 7)

• 내용 : 운동을 하면서 규칙 준수의식, 협동심, 배려심, 상호존중 등의 민주시
민의식을 함양할 수 있다.

• 강사비 : 1,260,000 = 35,000원×18시간×2텀

• 간식비 : 250,000

• 소모품비 : 200,000원= 축구공(40,000원×3개=120,000원), 골키퍼장갑(40,000
원×2개=80,000원)

■ 드럼반

• 대상 : 1, 2학년 해당 학생(5명 내외)

• 실시기간 : 2015년 5월 ~ 2015년 12월

- 매주 4시간(화45, 금45요일)

- 내용 : 드럼의 구조와 명칭, 주법을 익힌다.

- 강사비: 1,260,000 =35,000원×18시간×2텀

- 소모품: 600,000 (스틱 및 드럼교체용 패드 등)

- 간식비: 200,000

■ 어쿠스틱반

- 4시간(월45, 수45요일)

- 풍선아트반

- 보컬트레이너반

- 향초, 디퓨저 만들기반

- 바리스타반

5) 효과

연도	참여학생 수(A)	숙려제 참여학생 중 학업지속 학생수(B)	B/A
'14	33명	11명	40.74%
'15	2명	0명	0%

다. C 일반고 사례

1) 프로그램 운영예산 사례

바리스타 프로그램(20명)	문화, 예술 체험학습 프로그램 운영
• 강사비 100천원×23회 = 2,300천원 • 재료 구입비 500×2회 = 600천원	• 입장료 20천원×20명×2회 = 800천원 • 차량 임차료 300천원×2회 = 600천원
학습 멘토-멘티 프로그램 운영	힐링캠프
• 교재 구입비 15천원×20명 = 300천원 • 간식비 10천원×20명×2회 = 400천원	• 재료 구입비 500천원×1회 = 500천원 • 캠프용품 구입비 1,000천원×1회 = 1,000

라. 학업중단숙려제 시범운영 결과(교육부)

학교유형 구분	학업중단 숙려제 실시 현황			숙려제 프로그램 참여학생 (b) 중 학업지속현황		숙려제프로그램 비참여학생 (c) 중 학업지속현황	
	숙려제 대상 학생 수(a)	숙려제 참여 학생 수(b)	숙려제 비참여 학생수 (c)	학업지속 (d)	비율 (d/b, %)	학업지속 (e)	비율 (e/c, %)
일반고	7,258	3,072	4,186	626	20.4	191	4.6
특수목적고	409	251	158	16	6.4	13	8.2
자율고	406	159	247	26	16.4	17	6.9
특성화고	4,703	1,830	2,873	470	25.7	143	5.0
합계	12,776	5,312	7,464	1,138		364	

마. 학업중단숙려제 운영사례의 시사점

참여 학생 중 학업지속자가 소수라도 발생하여 성공한 것은 중요한 의미를 지닌다. 따라서 최대한 학업중단숙려제에 학생들이 참여할 수 있도록 독려하고, 효과의 극대화를 위해서 동급생끼리 같이 하는 것이 중요하다.

학생 특성에 맞는 다양한 프로그램을 구성해야 하며, 관련 부서끼리 긴밀한 업무체계를 구축해야 한다. 학교 안에서 모든 것을 해결하려고 하지 말고 외부 자원을 적극적으로 활용하는 것이 효과적이다. 무엇보다 학업중단 위기에 처한 학생들을 교사들이 포기하지 말고 끈기 있게 설득하고 독려하는 것이 중요한 성공요인이다.

제3장

대안교실

학습하기

1. 대안교실의 개념과 현황

가. 대안교실의 개념

1) 대안교실이란?

학생들의 다양하고 특별한 교육적 수요를 충족시킬 수 있도록 정규 교육과정의 일부 또는 전부를 대체하는 대안적 교육 프로그램을 편성하여 운영하는 별도의 학급을 말한다. 학업중단 위기학생을 위한 체험위주의 교육활동을 중심으로 운영하는 학교 안의 대안적 교육 공간이다.

2) 대안교실의 의미

대안교실은 학업중단숙려제의 교내 프로그램이라고 생각할 수 있다. 학교 밖에서는 대안교육시설을 제도화하고 학교 안에서는 별도의 대안학교를 운영한다. 이러한 대안교실에서는 학업중단 위기학생의 소질과 적성에 맞는 맞춤형 교육을 실시할 수 있다.

3) 대안교실의 필요성

첫째, 학업중단 위기 학생이 점점 증가하고 있다. 이 학생들은 일반교실에서 하는 수업에 흥미를 느끼지 못하고 있다. 둘째, 위탁교육기관의 공급은 부족하고 그 수요는 증가하고 있다. 위탁교육의 수요는 증가하는 데 비해 시설공급이 충분하지 못하다. 학생들을 대책 없이 학교 밖으로 내보내는 것만이 능사는 아니다. 셋째, 학교에 적응하도록 하는 것이 궁극적 목적이다. 학생들이 최대한 학교 안에서 학교생활 적응력을 키우는 것이 바람직하기 때문이다.

나. 대안교실의 현황

2014년에 전국 1,582개교에서 초·중등학생 17,949명이 대안교실에 참여하였다. 교당 평균 12명이 참여한 꼴이다. 교육부가 1,582개교에 68억원을 지원하였다. 교당 평균 430만원이 지원되었다.

〈표 1〉 대안교실 참여 현황

학교급	참여 학교 수	비율
초등학교	520	33%
중학교	643	41%
고등학교	419	26%
계	1,582	100%

출처: 교육부(2014.12.26.). 대안교실 관련 보도자료

이러한 대안교실에 대한 지원 내용은 다음과 같다. 첫째, 대안교실 프로그램을 개발하고 운영비용을 지원한다. 또한 대안교실 운영에 직접 필요한 비용으로서 교재(도서) 구입비 등을 지원한다. 둘째, 대안교실에 시간제 강사 비용을 지원한다. 최대한 기존 인력을 활용하되 불가피한 경우에 대안교실 총 예산의 50%이내에서 인건비가 활용 가능하도록 한다. 대안교실 전담 강사를 배치하고 교과수업은 대체 강사를 활용한다. 셋째, 대안교실에 기자재를 구입한다. 학생이 직접 접하고 해당 기자재가 없어 운영이 곤란한 경우에 기자재 구입을 가능도록 한다. 그러나 기존에 해당 장비가 없을 경우에 구입이 가능하도록 한다. 대안교실에서 학부모 교육을 하도록 지원한다.

현재 대안교실 운영교사 협의회가 운영되고 있다. 여기서는 시·도별 대안교실 담당교원 워크숍을 개최하여 모범사례와 강사인력을 공유하고 학습동아리 교재 제작 등의 사업을 펼친다.

대안교실 운영의 기본 방향은 다음과 같다. 첫째, 학교여건과 학생들의 상황을 고려

해서 교육과정을 자율적으로 다양하게 편성하고 운영하도록 한다. 둘째, 공공기관, 평생교육시설, 직업훈련기관, 산업체, 문화예술기관, 청소년관련기관(단체) 등과 연계하여 다양한 프로그램을 개발하고 적용하도록 한다.

다. 대안교실의 형태

1) 전일제

- **교육방법:** 보통교과 운영에 있어서도 자유로운 교육방식을 허용하여 역사신문 만들기, 문학작품역할극, 창업과 수학 등의 과목을 교육할 수 있도록 한다.
- **평가:** 대안교실 내에서 중간고사, 기말고사를 실시한다. 하지만 교육과정이 다르므로 평가내용도 다르게 정한다. 세부지침은 교육청마다 다르므로 평가에 참고한다.

- **사례**

	월	화	수	목	금
1	특별 프로그램		특별 프로그램		특별 프로그램
2					
3					
4		정규 교육 과정		정규 교육 과정	
5	정규 교육 과정				정규 교육 과정
6			정규 교육 과정		
7					

2) 반일제

- **형태:** 교육과정의 일부를 대체하는 별도의 대안학급을 편성하여 운영한다. 예를 들면 오전반, 오후반, 요일별 운영, 기수별 운영 등으로 운영할 수 있다.

- **교육과정:** 대안교과 중심으로 하되 보통교과도 편성하여 운영이 가능하다. 다양한 체험, 진로교육, 상담심리 등을 함께 교육과정에 편성하여 운영할 수 있다.
- **평가:** 대안교실 내에서 중간고사, 기말고사를 실시한다.

라. 대안교실 연구결과

- 학생

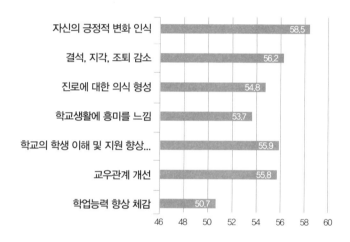

- 교사

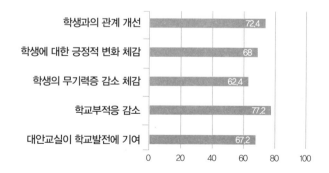

출처: 김인희(2014). '학교 내 대안교실 발전방안 연구'. 교육부 정책과제

마. 대안교실 운영 시 유의사항

　대안교실은 학생 격리나 놀이의 공간이 아님을 유념해야 한다. 또한 학생들이 교실에 그냥 방치되지 않도록 교사들은 상시 동행을 해야 한다. 그리고 교실 안에서 학생들이 수업에 참여할 때 민주적인 분위기를 유도하도록 노력해야 한다.

2. 대안교실 운영모형

가. 전일제 대안교실 사례

1) 대전 법동중학교

학부모와 담임교사 등의 동의를 얻어 학교에 적응하지 못하는 20여명의 2~3학년 부적응 학생을 대상으로 '집중사례관리 프로그램'을 실시하였다. 일반 교육과정과 특별 프로그램을 통합적으로 운영하도록 하였다. 프로그램 내용은 상담, 문화 및 야외체험, 대안관계 훈련, 기관연계치료 등을 실시했다. 그 성과로 흡연 학생들이 금연에 성공하였고 원만한 대인관계를 유지하였다. 또한 학교를 자주 나오지 않던 학생도 상담받는 날에는 참석하는 등 성과를 보였다.

2) 경남 꿈키움 교실

모든 학교에 학교 내 대안교실 '꿈 키움 교실'을 운영했다. 다양한 체험교육을 통해 학생들의 정서순화를 도모했다. 예를 들면, 뮤지컬, 애완견 키우기, 연극관람 등이 있다.

시간	월	화	수	목	금	지도교사
13:30~14:15	√ 자기주도학습 계획에 의거 프로젝트 학습 진행					전담교사
	√ 개인계획에 따라 교외활동 진행					
14:25~15:10	√ 독서 및 소질 계발 활동					담당교사
	√ 독서지도, 골프, 공작, 악기 다루기 등					
15:20~16:05	√ 방과후 프로그램과 병행					외부강사

나. 대안교실 운영모형

1) 진로직업 중점 모형

- **중점사항:** 학생의 진로를 탐색하고 직업능력을 배양하며 적성발견을 통해 학교 생활의 열정을 회복하도록 유도한다.

인턴십을 통한 배움	자격반 운영
• 직업현장 탐방 • 자기 주도적 진로설계 • 관심 있는 직업분야에 대한 장, 단기 프로젝트	• 바리스타 자격반 • 제과제빵 자격반 • 농기계 · 지게차 자격반 등

2) 치유 중점 모형

- **중점사항:** 지쳐있던 마음을 다스려 정신적인 회복을 유도하고 불안감을 해소하는데 중점을 둔다.
- 자기이해, 자아성찰, 자아존중감을 향상시켜 주기 노력하며 글쓰기, 독서, 체험을 통해 심신을 치유하는데 중점을 둔다.
- 상담치료 활동

자아발견 프로그램	개인 · 집단 상담	심리검사
원예치료, 독서치료, 미술치료, 음악치료	청소년 상담지원센터 연계 상담활동	분노조절 · 감정코칭

3) 체험 중점 모형치료 활동

 – **중점사항**: 학생의 감수성·상상력 촉진, 교과수업이 아닌 다양한 체험교육을 제
  공하고 체험을 통한 배움을 중시한다.

농사체험	텃밭가꾸기, 화초키우기, 옥상농장, 농어촌체험 등
문화예술체험	영화제작 및 제작보조, 연극 시나리오 제작 및 시연, 음악연주·댄스공연, 도자기제작, 미용체험, 역사 연구, 캠프활동 등
봉사활동	노인정, 경로당, 급식봉사 장애시설 방문, 연탄배달 등

4) 교육·자기계발 중점 모형치료

 – **중점사항**: 학습 의욕은 있으나, 주요교과 성취수준이 낮은 학생들을 대상으로
  수준별 보강 및 특화교육을 실시하는데 중점을 둔다.

수준별 맞춤 교육 활동	학업 부적응, 학습 의욕 저하 학생들에게 수준별 교육 제공, 소규모 팀 티칭 등
자기계발	스포츠, 예술, 인문학, 공학, 자연과학 등에 대한 재능 발굴
학습 부적응 학생 대상 교과 수업 외 특화교육	영어·중국어 등 외국어 커뮤니케이션 능력 향상과정, 영어 웅변 특화 과정

다. 대안교실 활동 예시

1) 대안교실 활동 예시(1)

프로그램명	운영 내용 및 방법	효과
심리치료	✓ 심리검사지를 이용한 개인 심리치료	개인별 심리상태 확인
미술치료	✓ 그림그리기를 통해 심리파악 및 치료	〃
역할연극	✓ 특정 역할 연극하기	역할극을 통해 직업에 대한 자신감 부여
학교폭력 예방교육	✓ 교칙 안내 및 학교폭력과 관련된 Q&A	교칙 이해 및 학교폭력예방
성교육	✓ 건전한 이성교재 안내	언어 사용의 주의
금연교육	✓ 청소년 흡연의 폐해 및 금연방법 안내	담배 거부하기

2) 대안교실 활동 예시(2)

프로그램명	운영 내용 및 방법	효과
스포츠 마사지	✓ 근육 이완을 통해 마음 다스리기	짝과의 친밀감 형성
가죽공예	✓ 가죽 공예로 자신의 작품 만들기	자신의 작품을 타인에게 선물
미용 배우기	✓ 미용 기술 배워보기(지역 헤어샵, 또는 미용학원 방문 등)	기술 익히기
기타연주, K-pop댄스	✓ 악기, 댄스를 배우며 스트레스 없애기	악기 연주를 통해 새로운 취미 획득 장기자랑을 통한 자신감 획득
소방교육	✓ 안전교육 실시	심폐소생술 실시
안전문화 시설체험	✓ 안전문화시설 체험을 통해 안전 교육 필요성 느끼기	소화기 직접 사용 등 실습을 통한 체험
법원 재판참관	✓ 재판과정을 참관함으로써 법, 질서 이해하기	재판과정을 보며 법 이해

3) 대안교실 활동 예시(3)

프로그램명	운영 내용 및 방법	효과
바리스타 자격증 취득	✓ 전문 바리스타 강사의 지도, 지역사회 커피숍 방문 및 인턴 체험 등	진로설계 및 직업 적합성 향상 미래에 대한 열정
단기 프로젝트 (너의 상상이 듣고 싶어)	✓ 자신이 원하는 주제로 깊은 연구 진행 ✓ 예: 창업 아이템 개발, 어플리케이션 기획·제작, 건출물 설계 등 ✓ 전문가 멘토 선정 → 매주 진행상황 검토 → 학기말 발표회	도전의식 고취, 스스로 배움을 찾을 기회 부여
시나리오 작성	✓ 연극 극본제작, 자신이 살아온 삶을 극본으로 표현 및 연출 ✓ (협조) 연기에 관심있는 학생이 직접 연기하도록 하며 하나의 완성된 극을 발표함	자신의 이야기를 돌아볼 수 있는 계기, 내면에 숨겨두었던 슬픔이나 말하지 못했던 비밀을 예술로 승화

3. 대안교실 운영사례: 경기 S고

가. 도입배경

- 학교 부적응, 품행문제 등의 '부적응' 관련 사유로 학업중단 위기에 놓인 학생들의 수가 증가하였다. 따라서 학교 부적응이 학업 중단 및 다른 일탈로 연결되지 않도록 자기 존중감·타인 수용감 증진 및 학생-학교 간 관계회복을 위한 프로그램의 필요성이 대두되었다.

나. 목적

한 명의 아이도 배움으로부터 소외받지 않고 차별받지 않으며, 배움이 즐거운 맞춤형 교육과정 운영	⇨	학생의 자존감 향상
학교 부적응 및 학업중단 위기학생 지원 프로그램 운영	⇨	학생 친화적인 행복한 학교문화 형성
개별 학생의 적성과 소질에 맞는 특별교육과정을 정규교육과정과 통합적으로 적용·운영		학교생활 부적응 완화 및 학업 중단 예방 효과 제고

다. 방침

- 대안교실의 명칭은 스마일(스스로 마음을 일깨우는) 교실로 칭한다.

112

- 무단 지각·조퇴·결석이 잦은 학업중단 위기에 처한 학교 부적응 학생들과 학생 정서행동특성검사 결과 학교폭력피해 경험이 있거나 대인관계에 어려움을 겪고 있는 학생들을 대상으로 운영한다.
- 다양한 체험학습과 집단 상담으로 학생 특성에 맞는 맞춤형 프로그램을 지향한다.
- 차수별 효과적인 운영을 위해 15명 이내의 적정 인원으로 구성한다.
- 학교 적응 저해 요인 제거 및 바른 생활습관 형성을 위해 개별 이력을 관리한다.
- 교감을 주축으로 교사, 학부모, 지역사회 청소년전문가가 참여하는 운영위원회를 조직하여 운영한다.

라. 운영기간

- 2015.5.26.~2015.12.17. 주당 3일, 1일 3시간씩 20주간 운영한다.

마. 조직

113

바. 학생 선정 절차

- 모집 단계에서 1차 대상자 선별에 대한 기준(교칙 위반, 흡연, 출결 등)을 체계화하여 선정한다.
- 담임교사, 학년부장교사의 의견을 바탕으로 학생을 발췌하여 1차 대상자로 선정한다.
- 적합도 검사 단계에서는 2차 선별 과정을 통해 1차 대상자 학생 중 부적응 위기 학생을 선별한다.
- 성격유형검사(MBTI), SPQ사회성/인성검사 등의 객관적인 심리 검사를 실시하여 학생의 성격 및 부적응 요인을 파악한다.
- 대상 학생의 학부모 면담 과정을 통하여 학생의 변화에 대한 학부모 의지를 확인하고 스마일 교실의 운영에 대한 취지를 설명한다. 학부모의 동의를 얻고 최종 협의회를 통하여 대상을 선정한다.

사. 정규 시간 일부 운영 모형

- 정규교과시간 중 일부(오후시간)에 대안교실 프로그램 진행

아. 교육과정 주당 수업시간 수 : 주 3일, 9시간

- 인성 + 체험 + 교육 + 상담 + 진로 복합 모형

교육과정	인성교육	체험활동	진로 및 학습 코칭	총 이수시간
정규시간	60	75	45	180
방과후		40	60	100
계	60	115	105	280

114

자. 정규 교육과정

구분	프로그램명	담당교사	회기(일)
인성 교육	개강식 및 사전 심리검사	협의회 전담교사	1회
	사후 심리검사 및 수료식	협의회 전담교사	1회
	뇌교육-해피브레인, 정서조절	전문상담교사, 외부강사	10회
진로 및 학습	진로 및 학습 코칭	전문상담교사, 외부강사	9회
	직업소양-잡월드 체험	전문상담교사, 생활인권부	1회
체험 활동	힐링 콘서트	전문상담교사, 외부강사	3회
	노작활동-원예, 공예	전문상담교사, 외부강사	3회
	스트레스조절-아로마체험	전문상담교사, 외부강사	3회
	심리극	전문상담교사, 외부강사	10회
	난타	전문상담교사, 외부강사	16회
개별활동	개인상담	전문상담교사, 외부강사	수시
사후 관리	학생, 학부모 관리	전담교사, 담임교사	수시

차. 방과후 프로그램

구분	프로그램명	담당	회기(일)
체험활동	1박 2일 프로그램	결연 교사	1회
체험활동	사제 간 미니운동회	결연 교사	1회
체험활동	프로야구 경기 관람	결연 교사 중 희망자	1회
체험활동	뮤지컬(연극) 관람	결연 교사 중 희망자	1회
체험활동	영화 관람	결연 교사 중 희망자	2회
진로 및 학습	학습코칭 프로그램	국, 영, 수 담당교사	매주 1회 (60시간)

카. 출결 관리

- 상담 및 체험활동의 참여 태도 등 개인별 이력관리 카드를 작성하여 보관한다.
- 출결상황은 매일 체크하여 개인별 상담카드에 지각, 조퇴, 결석 등으로 표시한다.

타. 예산 편성

구분	적요	금액(원)	예산 성격	구분	적요	금액(원)	예산 성격
재료비	심리검사지	500,000	학업 중단 예방 사업비	방과후 활동	1박 2일 프로그램	1,800,000	지자체 지원금
	집단 작업 재료	100,000			사제간 미니 운동회	520,000	
	난타북	950,000			프로야구 경기관람	400,000	두드림 학교
체험비	힐링콘서트	1000,000			뮤지컬 관람	400,000	
	원예활동/ 공예활동	600,000			영화관람	800,000	
	아로마테라피	750,000			학습코칭 프로그램 강사비	2,400,000	학교 자체 예산
	버스 임차비	500,000		합계		13,660,000	
강사비	뇌교육	1,500,000					
	심리극	1,000,000					
	난타	1,400,000					
간식비	60회기	1,200,000					

파. 유의사항

부정적 낙인효과 희석	• 우수 참여 학생 시상 • 학생 및 학부모 동의서 제출
교원 및 학부모의 공감대 형성	• 전체 교직원 대상 연수 실시 • SMS 문자 및 가정통신문 발송 • 학교운영위원회 안건 심의
담당교사의 업무 과중 완화	• 전문상담교사 일반 학생 상담 분야 조정 • 결연활동 프로그램 참여교사에 대한 성과급 가산점 부여

하. 운영 성과

- 학교 부적응 원인 분석 및 체계적인 이력 관리제를 적용한 학생별 맞춤형 결연 프로그램 운영으로 학교 부적응 사례도 감소하였다.
- 학업중단 학생 수 감소

- 학교 부적응 학생의 학교 적응 저해 요인 제거 및 바른 생활 습관 형성 지도를 통해 한 명의 학생도 소외시키지 않도록 학교의 책무성을 강화한다.
- 학교 부적응 및 학업중단 위기학생들을 지원하는 프로그램을 운영하여 학생 친화적인 행복한 학교문화를 형성하도록 한다.

제4장

위탁교육제도

1. 위탁교육제도: 법령

가. 위탁형 대안학교의 설립 목적

1) 학교생활 부적응 학생의 자아정체성 확립 및 인간관계 회복

학교 부적응, 질병 치료 등의 사유로 정상적인 학교생활을 하기 어려워 학업을 중단할 위기에 처해있는 학생들이 학교생활을 통해 자아정체성을 확립하고 인간관계를 회복해 가는데 위탁형 대안학교의 설립 목적이 있다. 학교생활 부적응 학생들은 점점 늘어나고 있는 반면 이 학생들을 위한 학교시설은 부족한 상태이다. 따라서 이 학생들이 공교육 밖으로 벗어나지 않고 학업을 계속할 수 있도록 돕는 것이 위탁형 대안학교이다. 학생들은 공교육 밖으로 벗어나지 않았다는 심리적 안정감을 느끼면서 학교생활을 통해 자아정체성을 확립하고 일반학교 생활과 똑같은 자신감을 얻는다. 그러한 자신감이 학생들이 또래친구들과 친구사귐을 하며 정상적인 인간관계를 회복시켜주는데도 큰 도움이 된다.

2) 학생의 소질과 적성을 신장할 수 있는 다양한 프로그램 모형 개발·적용

학업중단 위기의 학생들에게 다른 무엇보다 학생의 소질과 적성을 신장시켜줄 수 있는 다양한 프로그램 모형 개발과 그 적용이 우선시 되어야 한다. 위탁학생들은 학습보다 자신의 소질이나 적성을 개발하고 싶은 욕구가 더 크다. 왜냐하면 질병이나 가정적 환경으로 학업중단 위기에 처한 학생들도 있지만, 인문계 중·고등학교의 교과위주 수업에 지쳐 위탁형 대안학교를 선택하는 학생들도 늘고 있기 때문이다. 또한 요즘에는 학업중단 위기의 학생들 뿐만 아니라 개인의 특성에 맞는 교육을 받고자 하는 학생들이 위탁교육을 선택한다. 따라서 위탁형 대안학교는 위탁학생이 요구하는 다양한 교육프로그램 모형을 개발하여 학생의 학교 선택 기회를 넓혀 주는데 그 설립 목적을 둔다. 이러한 교육과정 운영에 따라 학업중단 위기의 학생들은 위탁형 대안학교 선택을 또 다른 인생의 전환점으로 삼을 수도 있기 때문이다.

나. 위탁형 대안학교의 법령

1) 관련 법령
  가) 초 · 중등교육법 제28조(학습부진아 등에 대한 교육)
  나) 초 · 중등교육법시행령 제45조(수업일수)
  다) 초 · 중등교육법시행령 제54조(학습부진아 등에 대한 교육)
  라) 초 · 중등교육법시행령 제51조(학급수 · 학생수)
  마) 초 · 중등교육법시행령 제105조(학교 및 교육과정 운영의 특례)
  바) 초 · 중 · 고등학교학업성적관리시행지침

2) 방침
가) 위탁형 대안학교는 신입생 선발권이 없다. 학생 본인이 원하고 학교장이 필요하다고 인정하는 때에는 누구나 위탁교육 대상자가 될 수 있다. 이때 위탁교육 희망학생이 퇴학 · 자퇴 · 휴학 중으로 학적이 없는 경우 복교절차를 거쳐 학적을 회복한 후에만 위탁교육 신청이 가능하다.

나) 위탁형 대안학교와 재적학교에서는 상호 긴밀히 협조하여 위탁학생을 지도하며, 재적학교에서는 '위탁형 대안학교 방문의 날'을 지정 운영한다. 이는 위탁학생이 재적학교를 거의 방문하지 않고 담임교사가 학적만을 관리하기 때문이다. 따라서 재적학교의 담임교사가 위탁학생에 대한 관심을 가지고 위탁형 대안학교 생활을 잘 수행하고 있는지를 지도하기 위함이다.

다) 위탁형 대안학교별로 특성화된 교육이 이루어질 수 있도록 위탁형 대안학교의 장에게 자율성과 책무성을 부여한다. 위탁형 대안학교는 교과수업보다 학생들의 특기 적성 신장을 위한 특성화 수업을 많이 한다. 따라서 위탁형 대안학교 장에게 자율성을 주어 교과와 학교수업 운영에 탄력성을 주어야 하기 때문이다.

다. 위탁형 대안학교의 지정 및 해제

1) 위탁형 대안학교의 지정

가) 위탁형 대안학교 심사위원회 구성

위탁형 대안학교의 지정 심사를 위하여 위탁형 대안학교 지정 심사위원회를 구성하여 운영한다. 「위탁형 대안학교 심사위원회」는 교육청의 업무 담당자, 대안교육전문가, 기타 전문가로 구성하여 심사기준에 따라 운영을 희망하는 기관의 적정성 여부를 심사한다. 이때 대안교육전문가는 서울의 경우 위탁학교 운영을 위한 대안교육센터의 공립학교 교사들이 맡는다. 기타 전문가는 위탁대안학교를 실제로 운영해 본 적이 있는 교감이나 교장이 맡아 현장 상황이 위탁학교 지정에 반영되도록 심사위원회를 구성하도록 노력한다.

나) 위탁형 대안학교 지정 요건

위탁형 대안학교 지정 심사위원회는 학교설립의 교육목표와 이념의 적정성, 교원확보, 교육 시설 및 교구 확보, 교육프로그램의 적정성과 및 공공성, 경영의 투명성 및 재정의 건전성, 기관의 공공성, 운영실적 등을 중점적으로 살펴본다. 특히 보통교과 담당 교사는 교원자격증을 갖추어야 하며 특성화교과 담당 교사 역시 실무능력 소지자로, 위탁학생이 전문성을 가진 교사에게 수업을 받을 수 있도록 강조하고 있다. 또한 위탁형 대안학교마다 상담실과 상담교사를 배치하여 위탁상담과 진로상담을 수시로 실시하여 위탁학생들이 재적학교와 마찬가지로 진로지도가 가능하도록 방침을 두고 있다.

따라서 위탁형 대안학교 운영을 희망하는 기관에서는 위의 내용을 포함한 운영계획 신청서를 교육청에 제출하면 심의를 거쳐 위탁기관으로 지정을 받을 수 있다. 그러나 위탁형 대안학교 지정 유효기간은 매 학년도 말까지로 정해져 있어, 위탁형 대안학교의 계속 인정 여부를 1년마다 심사받아 새로이 기관 지정을 받아야 한다.

❶	❷	❸	❹
위탁교육기관 지정 신청	심사 및 위탁교육기관 지정	위탁교육기관에 관한 DB구축·정보 제공	위탁학생 교육 등에 관한 협약 체결
(대안교육기관)	(교육감)	(교육감) (학교장)	(교육감/학교) (위탁교육기관)

2) 위탁형 대안학교의 해제

교육감은 위탁형 대안학교 운영 상황을 점검하여, 다음 각 호에 해당하는 경우, 「위탁형 대안학교 심사위원회」에 심의를 거쳐 지정을 취소할 수 있다.

- 위탁형 대안학교가 관련 법령이나 규정을 위반하는 경우
- 위탁교육에 관한 협약을 위반하는 경우
- 기타 위탁교육의 목적을 달성할 수 없다고 인정하는 경우

실제로 위탁형 대안학교가 교육청으로부터 지정 해제되는 경우는 많지 않다. 대부분 학교운영상의 문제로 위탁형 대안학교 스스로 학교를 폐쇄하는 경우이다. 이는 위탁형 대안학교의 운영지침에 따라 강사비만 지원되고 전담교사의 인건비가 지원되지 않기 때문이다. 따라서 사회복지 시설이나 교회 안에 위탁형 대안학교를 설치하여 인건비가 보조되는 경우에만 학교운영에 문제가 없다. 이 부분은 많은 현장교사들의 건

의로 2015년부터 인건비 지원을 실시하여, 위탁형 대안학교가 좀 더 안정적으로 운영
될 수 있도록 제도적 보완을 만들어 가고 있다.

라. 위탁형 대안학교의 위탁절차

1) 위탁교육 대상자의 선정

학교의 장은 학칙이 정하는 바에 따라 교육상 필요하다고 인정하는 때에는 누구나
위탁교육 대상자로 선정할 수 있다. 요즘에는 교통사고, 각종 질병 등 장기 치료로 인
해 관내 병원학교에 입원 중인 초·중·고등학교 재학생이 교육을 받고자 할 경우 위
탁교육이 가능하다. 그러나 이 경우는 그리 많지 않다.

가장 많은 위탁교육 대상자는 출석정지, 퇴학 처분의 징계, 혹은 학생 스스로 자퇴
를 고려하여 재적학교를 다닐 수 없는 경우이다. 또는 이미 학업을 중단한 학교부적응
학생들이 학력을 따기 위해 학업을 지속해야 하는데 특성화 교육을 원하는 경우 위탁
교육 대상자가 된다. 이런 경우 위탁형 대안학교의 방침에서도 설명한 적이 있듯이 반
드시 복교절차를 거쳐 학적을 만든 후에만 위탁이 가능하다는 것을 기억해야 한다.

안타까운 것은 학교부적응으로 인하여 출석정지, 퇴학 처분의 징계, 자퇴를 고려하
고 있는 많은 학생들이 위탁교육에 대한 정보가 부족하여 학교 밖으로 이탈하고 있다
는 것이다. 따라서 학교현장에 있는 담임, 상담부장, 생활지도부장을 포함한 많은 선
생님들이 학업중단 위기에 있는 학생들에게 좀 더 많은 정보를 주어 공교육 밖으로
학생들이 이탈하지 않도록 교육기회를 제공하는데 도움을 주어야 한다.

2) 위탁교육 절차

위탁상담	• 학생 및 학부모 **위탁기관 상담** – 반드시 학부모 동행 • 학생 및 학부모 재적(소속)학교 담임과 위탁여부 상담
서류접수	• 위탁학생 신청서(본인, 학부모) 및 위탁 추천서(본교 담임) 작성 • 신청서 및 추천서 본교 **학교장 결재 후** 위탁기관 서류접수
적응교육	• 위탁을 위한 준비적응 교육 5일 이상 시작(학교 생활태도에 따라 연장 가능) • 적응교육을 **이수하였을 경우에만** 수탁이 가능
수탁통지	• 준비적응교육 동안의 학교생활 및 출결을 본교에 통지(준비적응교육통지서) • 최종 **수탁통지서** 재적학교에 발송(매달 1일, 15일 2회만 수탁 가능)

가) 위탁상담

학교장은 위탁교육 대상자의 희망 및 거주지, 부적응의 정도 및 유형, 위탁형 대안학교의 수용 능력 등을 고려하여 가까운 위탁학교와 위탁관련 상담을 한다. 이때 위탁형 대안학교에 대한 정보가 없으면 서울의 경우는 대안교육종합센터가 재적학교와 위탁형 대안학교를 연결해 주도록 돕고 있다. 위탁상담은 반드시 학생과 학부모가 위탁형 대안학교를 내방하여 자세한 설명을 듣도록 하는데 이는 선정 과정에서 해당 학생 및 보호자의 의사를 충분히 반영하여 위탁처리를 하기 위함이다. 가끔씩 학생은 위탁교육을 원하지만 학부모가 동의하지 않는 경우도 있다. 이것은 대부분 학부모조차도 위탁교육에 대한 이해가 부족하기 때문이다. 따라서 상담과정에서 제일 중요하는 것은 학생과 학부모가 위탁교육에 대해 충분이 이해하고 위탁에 동의한 것인지를 위탁상담 과정에서 확인하는 것이다.

나) 서류접수

서류는 크게 2가지이다. 위탁학생 본인이 작성하여 학부모 동의를 받는 위탁신청서와, 재적학교의 담임교사가 작성하는 위탁추천서이다. 물론 위탁추천서와 함께 담임교사는 학교생활기록부, 건강기록부, 기타 학생에 대해 도움이 되는 자료의 사본(원본대조필)을 첨부할 수 있다. 이때 위탁상담자는 위탁추천서에 반드시 학교장의 결재가 있는지 확인하여야 한다. 만약 학교장 결재가 없다면 이 서류는 반려해야 한다. 이는 간혹 재적학교의 동의 없이 학생과 학부모만 위탁형 대안학교를 내방하여 위탁을 희망하는 경우가 있기 때문이다. 그러나 학생의 학적을 가지고 있는 재적학교의 동의가 없다면 위탁교육은 불가능하다. 따라서 서류접수 과정에서는 학부모 동의 싸인과 재적학교 장의 결재 여부를 가장 중요하게 생각해야 한다.

다) 적응교육

적응교육은 위탁교육 준비과정으로 위탁교육 대상 학생이 과연 위탁형 대안학교의 교육에 잘 적응할 것인지 5일 이상 체험기간을 갖도록 하는 것이다. 이때 위탁교육 대상 학생은 자신이 직접 위탁할 위탁형 대안학교와 교육감이 지정한 기관 중에서 적응교육 기관을 선택할 수 있다. 대다수의 학생들은 자신이 직접 위탁할 학교에서 학교생활을 해보고 싶어 하며 위탁형 대안학교 교사들 역시 이를 추천한다. 왜냐하면 적응교육 기간에는 학생이나 학부모가 원하면 언제든지 재적학교로 복교할 수 있기 때문이다. 따라서 학생 스스로가 위탁형 대안학교의 수업을 직접 참여해 보고 판단할 수 있는 기회를 주고자 하는 것이다.

그러나 위탁교육 대상 학생이 적응교육 기간 중에 특별한 사유없이 출석을 2일 이상 하지 않거나 수업시간에 잘 참여하지 않는 등 학교생활 태도에 따라 적응교육 기간은 연장될 수 있다. 만약 적응교육을 2주까지 연장하였음에도 불구하고 위탁교육 대상 학생의 학교생활 태도가 개선되지 않는다면 위탁형 대안학교 담당자는 위탁관련 서류를 반려하고 위탁교육 여부를 취소할 수도 있다. 따라서 위탁교육 준비과정인적응교육은 위탁교육 대상 학생과 위탁형 대안학교 모두에게 중요한 기간이다.

〈적응교육 예시〉

- 오리엔테이션: 학교 규칙, 학교 현황 소개, 교육과정 및 시간표 안내, 학부모 교육 안내
- 인사예절
- 자기 탐색: 자기소개, 편지쓰기, 5분연설, 개인사명서, 심리검사(학생, 학부모, 집단상담)
- 공동체 훈련 : 모험상담, 산행(극기훈련), 팀프로젝트
- 습관 배양 : 아우인형, 댄스 준비체조, 성장일기
- 각오 다지기 : 학교 규칙 만들기, 5분연설, 개인사명서

교시 \ 요일	1주차					
	월	화	수	목	금	토
0	오리엔테이션 학교 규칙	깨남– 아침독서	깨남– 아침독서	깨남– 아침독서	산행	깨남– 아침독서
1		5분연설				모험상담
2	인사예절 자기소개	학부모 심리검사	심리검사 및 개별상담	개인사명서 학교 규칙	개인사명서 학교 규칙	아우인형 제작
3						
점심						
4	심리검사 및 개별상담	5분연설	편지쓰기	댄스 준비체조	산행	아우인형 제작
5		모험상담	모험상담			
6						
종례	성장일기	성장일기	성장일기	성장일기	성장일기	성장일기

요일 교시	2주차					
	월	화	수	목	금	안내
0 1	깨남-아침독서	깨남-아침독서	깨남-아침독서	깨남-아침독서	깨남-아침독서	※ 준비물 교복, 필기구
2 3	수업 참여	수업 참여	수업 참여	수업 참여	수업 참여	
점심						
4	수업 참여	수업 참여	수업 참여	수업 참여	발표 준비	
5					발표회 (5분연설, 개인사 명서 준비체조)	
6	모험상담	모험상담	모험상담	모험상담		
종례	성장일기	성장일기	성장일기	성장일기	성장일기	

라) 수탁통지

수탁통지는 위탁교육 대상 학생이 적응교육 기간을 성실하게 완료함과 동시에 이루어진다. 위탁형 대안학교의 담당자는 재적학교로 준비적응교육통지서를 송부하는데, 이는 학교수업의 출석일수로 기록된다. 위탁형 대안학교의 담당자는 준비적응교육통지서에 위탁교육 대상학생의 출결 상황, 교육 내용, 상담 내용을 서류로 만들어 재적학교에 첨부한다.

위탁교육 대상 학생의 최종 수탁통지는 기관 자체「대안교육운영위원회」의 심의를 거쳐 결정한다. 수탁통지서는 반드시 재적학교의 장과 교육청 2곳 모두 발송하여 위탁학생의 결정을 알린다. 수탁통지서 발송일은 매달 1일과 15일로 정해져 있는데, 이는 학교 수업일수 계산을 위한 업무의 편의성 때문이다. 따라서 준비 적응교육이 끝나는 날짜는 다르더라도 수탁통지서가 발송되는 날짜는 동일하다.

재적학교의 담임교사는 수탁통지서에 기입된 위탁교육 대상 학생의 출결과 교육내용을 살펴보고, 위탁형 대안학교장의 최종 직인이 있는지를 확인한 후에 위탁학생을 정원외 학생으로 분류하고 학교생활기록부를 작성한다.

마. 위탁형 대안학교의 전국 현황

시·도	시·군·구	기관명	이용대상(학년 또는 연령)	전화번호	홈페이지	주소 (도로명주소)
서울	관악구	꿈타래학교	고등학생	02-874-0536	www.dreamkey.sc.kr	관악 신림로 67
서울	중랑구	고드림학교	고등학생	02-490-0713	www.jjang.or.kr	중랑 용마산로 217
서울	강남구	꿈에학교	고등학생	02-2051-3747~8	www.dreamkey.sc.kr	강남 봉은사로 114
서울	서대문구	도시속작은학교	고등학생	02-334-7087	www.bigschool.or.kr	서대문 연희로32길 129
서울	중구	동그라미학교	고등학생	02-2265-0909	www.0909.youthc.or.kr	중구 을지로 11길 23
서울	중랑구	링컨학교	고등학생	02-491-0358	www.lincoln.or.kr	중랑 용마산로 136가길 6
서울	성북구	서울초원학교	고등학생	02-3292-1677	www.shhs.hs.kr	성북 오패산로3길 47
서울	강서구	성지재능학교	고등학생	02-2064-1106	www.sjschool.hs.kr	서울시 강서구 개화동로21길 20
서울	송파구	세움학교	고등학생	02-3012-3618	www.hi-dreamer.org	송파 오금로 49길 31
서울	마포구	숲속작은학교	고등학생	02-323-1952	www.charming.or.kr	마포 잔다리로 62-1
서울	구로구	신도림미용학교	고등학생	02-867-5518~9	www.sbs.hs.kr	구로 새말로18길 31
서울	강서구	예인미용예술학교	고등학생	02-2602-7888	www.yein.sc.kr	강서 화곡로 164
서울	서초구	오름학교	고등학생	02-598-7010	www.orumschool.kr	서울시 서초구 방배천로 18길 20
서울	강동구	참빛기독학교	고등학생	070-4216-0190	www.truelight.ac.kr/	강동 올림픽로 787
서울	노원구	참좋은학교	고등학생	02-934-7710	www.bookboo.or.kr	서울특별시노원구동일로245길56 (상계동1257)
서울	성북구	청소년희망학교	고등학생	02-3291-3639	town.cyworld.com/ safeschool	성북 보문로 62-2
서울	서대문구	나래대안학교	중·고등학생	02-393-4720	www.aeranwon.org	서대문 연대동길 138
서울	노원구	나우학교	중·고등학생	02-3391-1318	http://nowonyouthcenter. org/	서울시 노원구 덕릉로777 4층
서울	도봉구	치유학교 샘	중·고등학생	02-956-0552	www.schoolsam.com	서울시 도봉구 도봉로 638 동성빌딩 5층
서울	강동구	미래학교	중학생	02-482-7998	http://www.future-school.ms.kr	서울특별시 강동구 풍성로 251
서울	은평구	SIT대안학교	중학생	02-382-9382	www.sitschool.net	서울시 은평구 갈현로 29, 신사코아아파트상가 2층(신사동)
서울	구로구	구로다애다문화학교	중학생	02-864-5045	www.guroallloveschool. or.kr	서울시 구로구 구로중앙로 60 대림오페라타워 403호
서울	광진구	나란타대안학교	중학생	02-458-6796	http://www.jayang.or.kr/ nalanda/	서울시 광진구 자양번영로 35
서울	강남구	다애다문화학교	중학생	02-3445-5045	www.allloveschool.or.kr	서울시 강남구 언주로 615 YMCA 306호
대전	대전시	대전해맑음학교	중학생	070-7119-1701	http://uri-i.kr/	대전 유성구 대금로 77
서울	성동구	더하기학교	중학생	02-2236-2678	www.sungdongyc.or.kr	서울시 성동구 장터1길 18
서울	강남구	서울시작다문화학교	중도입국 다문화중학생(서울 시내 거주)	1644-1711	www.mcedu.kr	서울시 강남구 봉은사로 114길, 신관 3층

서울	중랑구	성모마음행복학교	중학생	02-972-5011	http://cafe.naver.com/sungmomschool	서울시 중랑구 동일로 903 2층
서울	종로구	세포학교	중학생	02-762-0148	www.cellschool.or.kr/	서울특별시 종로구 성균관로15길 11 세포학교
서울	동대문구	쌘뽈나우리학교	중학생	02-2248-4570	www.spnawoori.or.kr	동대문 답십리로 69길 106
서울	성북구	아우름학교	중2~3학년	02-942-0434	http://www.jnwelfare.or.kr/	서울시 성북구 솔샘로 5길 92(정릉3동 산1-293)
서울	중구	여명학교	중학생	02-888-1673	http://www.ymschool.org/	서울특별시 중구 소파로 99
서울	성북구	우리학교	중학생	02-3291-3635	blog.naver.com/youthhi	서울시 성북구 보문로 62-2
서울	중랑구	틔움터학교	중학생	02-6919-3365	www.tiumteo.com	서울 중랑구 망우로87길 140
서울	송파구	하늘꿈학교	중학생 (탈북청소년)	02-443-2072	http://www.hdschool.org	서울특별시 송파구 오금로 46길 62(구. 가락2동 196-16)
서울	서초구	두리하나국제학교	초등학생	02-532-2513	www.durihana.ac	서울특별시 서초구 방배중앙로 134
서울	구로구	지구촌학교	초·중학생	02-6910-1004	www.globalsarang.com	구로구 오리로 1189
인천	인천시	인천한누리학교	초·중·고등학생	032-442-2102	http://www.hannuri.icesc.kr	인천시 남동구 논현동 논현고잔로 215
서울	영등포구	사람사랑나눔학교	초·중·고등학생	02-836-2144	http://www.nanumhaekgyo.org	영등포 영등포로64길 15
경기	용인시	하늘빛대안학교	초·중·고등학생	070-4420-1934	www.nyhc.or.kr	경기도 용인시 처인구 남사면 각궁로 252-76
부산	동래구	부산자유학교	고등학생	051-521-0922	free-school.or.kr	부산시 동래구 안남로 23번길 5층
부산	부산진구	양정중학교	중학생	051-863-4214	yangjeong.com	부산시부산진구동평로405번길85
부산	사하구	부경보건중고등학교	중·고등학생	051-266-4350	bkd.hs.kr	부산시 사하구 두송로 53번길
부산	남구	아시아공동체학교	초·중·고등학생	051-633-1390	ac-school.net	부산시 남구 우암로 362번길 24-10
경남	함안군	경남보건고등학교	고등학생	055-583-7112	www.yeun.hs.kr	경남 함안군 함안대로 147번길
대구	달성군	대구가톨릭청소년대안교육센터	중학생	053-643-7624	www.qummot.or.kr	대구 달성군 명곡로 147
인천	남동구	인천행복한가정위센터	중·고등학교 재학중인 여학생(14세-19세)	032-515-7922	http://www.hhwee.or.kr	인천시남동구평온로6번길29. 명가리츠빌 나동 전관
광주	서구	금란교실	중·고등학생	062-380-8991	www.keumnan.gen.go.kr	광주서구 상무민주로 61
광주	광산구	용연학교	중학생	062-234-0061	www.yongyeonms.or.kr	광주광산구 왕버들로322번길6
광주	동구	광주서구청소년상담복지센터	초·중·고등학생	062-375-1388	www. Happy1388.com	광주 서구 마륵복개로 153 3F
광주	서구	광주청소년꿈키움센터	초·중·고등학생	062-375-2283		광주 서구 화정로175
광주	북구	광주청소년일시쉼터	초·중·고등학생	062-527-1318	www.ywca1c.com	광주 북구 중가로 43 5층, 6층
광주	북구	광주성문화센터	초·중·고등학생	062-609-1388	www.gjsay1388.onmam.com	광주북구중가로43(유동107-5)

광주	서구	다니엘스쿨	초·중·고등학생	062-655-1300		광주 서구 풍금로 155
광주	서구	두리사랑상담치료연구소	초·중·고등학생	062-351-0075	www.doorisarang.co.kr	광주 서구 상무자유로 173
광주	광산구	광주청예단	초·중·고등학생	062-521-1318~9	www.gikim.net	광주 광산구 장신로 44 늘푸른타워 403호
광주	북구	3%상담문화센터	초·중·고등학생	062-262-9130		광주 북구 면앙로 6, 2층(용봉동)
광주	북구	빛고을심리상담센터	초·중·고등학생	062-527-4566		광주시 북구 무등로 184번지
광주	서구	다니엘스쿨	초·중·고등학생	062-655-1300		광주서구 금호동 802-3
광주	동구	맥지청소년힐링센터	초·중·고등학생	062-673-1318		광주동구 지원로 34
광주	북구	팜푸리유스센터	초·중·고등학생	062-570-9053	http://www.ilgokyj.co.kr	광주북구 우치로 150
대전	중구	신나는 배움터 두런두런	중·고등학생	070-8225-3420	http://www.alu.ac.kr/contents/sub7_5/	대전시 중구 목동로 23
대전	서구	가온누리센터	중·고등학생	070-7584-2119		대전시 서구 청사로 282
대전	대덕구	한남교육사랑	중·고등학생	042-629-7737	http://hnel.kr/	대전 대덕구 한남로 70
대전	유성구	마인드앤러닝	중·고등학생	042-825-3509	www.mindandlearning.org	유성구 노은길 174
울산	중구	울산시민자유학교	중·고등학생	052-292-9800	www.ussimin.co.kr	울산시 중구 구교 13길 39(반구동)
울산	남구	제티슨모빌스쿨	중·고등학생	052-276-0067	www.micos.or.kr	울산남구돋질로34
울산	동구	울산청소년비전학교	중·고등학생	052-232-3230	http://young119.onmam.com/	울산시 동구 바드래4길 74-1
경기도	수원시	경기한울학교	고등학생	070-4466-8282	www.daemyoung.hs.kr	수원시 권선구 수인로 598번길 3-24
경기도	인천	어울림학교	중(학폭피해학생)	032-930-5621	http://www.goesei.or.kr	인천 강화군 불은면 고려왕릉로 419
경기도	대전	해맑음학교	초중고 (학폭피해학생)	070-7119-1700	http://uri-i.kr	대전시 유성구 대금로 77
경기도	의정부시	경기북부미용학교	중·고	031-876-6371	www.kbhs.hs.kr	의정부시 둔야로 61번길 20(가능동)
경기도	용인시	국립중앙청소년디딤센터	초·중·고	031-333-1900	www.nyhc.or.kr	경기도 용인시 처인구 남사면 각궁로 252-76
경기도	수원시	수원제일평생학교	중	070-7523-0663	http://cafe.daum.net/suwonjeil	수원시 팔달구 매산로 104번길 38, 3층
경기도	수원시	수원민들레학교	고	070-7794-0761	www.민들레학교.org	수원시 권선구 수인로 191 금둔빌딩 5층
경기도	성남시	디딤돌학교	중	031-755-4080	www.didimdolschool.or.kr(개편중)	성남시수정구수정로217번길4(태평동)
경기도	성남시	성남유니크민들레학교	고	031-712-7288	http://cafe.naver.com/uniquedandelion	성남시 분당구 정자동 157-8 세명타워3층
경기도	성남시	중앙글로벌학교	고	031-756-6654		경기도 성남시 수정구 성남대로 1330 (태평동) 2층
경기도	부천시	한국예술학교	고	032-655-4700	www.kaschool.co.kr	부천시 원미구 부일로 301(상동) F3
경기도	광명시	광명푸른꿈비학교	중	02-2619-1318	gmyouth.org	광명시 연서일로 10번지

경기도	군포시	하나로꿈학교	고	031-399-7997	http://onhanaro.blog.me	경기도 군포시 군포로 791
경기도	안양시	안양사랑빛 예능학교	고	070-4090-3170	준비중	안양시 만안구 석수동 예술공원로 117번길 31
경기도	여주군	여주민들레학교	고	031-881-0875	www.여주민들레학 교.kr	여주시 세종로 319번지
경기도	용인시	푸른꿈보금자리 학교	고	031-896-9194	greendream.or.kr	용인시 수지구 풍덕천로 96번길 9-1
경기도	김포시	김포희망우리학교	중	031-980-4734	http://gpwc.or.kr/	김포시 사우동 사우중로 100
경기도	동두천시	美·가온누리	고	031-868-8203		경기도 동두천시 정장로 35번길 28
경기도	고양시	무지개드림학교	중	031-966-4007	www.wdss.or.kr	경기도 고양시 호국로 716번길 13-11
경기도	구리 남양주시	구리시모여라학교	중	070-8688-8448	www.voice1366.org	구리시검배로29번길442층,지하1층
경기도	구리 남양주시	구리남양주 민들레학교	고	031-568-1331	www.gnschool.kr	구리시 경춘로 175번길 14(교문동)
경기도	여주군	신륵사선우학교	중	031-885-9669		경기도 여주시 신륵사길 73
경기도	시흥시	시흥이룸학교	중	031-493-6347	www.geomo.or.kr	시흥시 군자로 466번길 37
경기도	안산시	경기우리대안학교	중	031-410-0145	www.woorischool. or.kr	경기도 안산시 단원구 광덕4로 260 원원프라자 406호, 409호
강원	강릉	강릉종합사회복 지관	초·중·고등학생	653-6375	http://www.gssw. or.kr	강원도 강릉시 강변로 510
강원	강릉	사임당교육원	초·중·고등학생	033-640-6520	h t t p : / / w w w . saimdang.or.kr/	강원도 강릉시 주문진읍 연주로 284- 24
강원	양양	낙산사 템플스테이	초·중·고등학생	033-672-2417	www.naksansa.or.kr	강원도 양양군 강현면 낙산사로 100
강원	원주	중앙청소년문화 의집	초·중·고등학생	033-734-3688	www.wjyc.or.kr	강원도 원주시 중앙로 89 시민복지센 터 3층
강원	원주	엘미술치료연구소	초·중·고등학생	033-744-4007	http://www.원주심리 상담.kr/	강원도 원주시 남산로 199 원주카톨 릭병원 내
강원	인제	백담사템플스테이	초·중·고등학생	033-462-5565	http://www.baekdamsa. org/templestay/	강원도 인제군 북면 백담로 746
강원	철원	YMCA철원평화센터	초·중·고등학생	033-455-9137		강원도 철원읍 화지로 2
강원	춘천	강원도단기여자 청소년쉼터	9세~24세	033-255-1004	http://www.gw1318. or.kr/	강원도 춘천시 동면 춘천로 527-40
강원	춘천	한림청소년복지 센터	중·고등학생	033-256-6214	http://club.cyworld. com/1318center	강원도 춘천시 삭주로 77, 춘천성심병 원 제2별관 3층
강원	춘천	춘천청소년비행 예방센터	초·중·고등학생	033-244-9892		강원 춘천시 영서로2279번길 3 정인 빌딩 2~4층
강원	춘천	춘천시청소년수 련관	초·중·고등학생	033-244-1387		강원도 춘천시 백령로 119번길 26
강원	춘천	조이호프상담교 육센터	초·중·고등학생	070-4045-1969	http://www.joyhope. net/?	강원도 춘천시 삭주로 64번길 13-3
강원	태백	태백시청소년상 담복지센터	초·중·고등학생	033-582-1377	tbcys-net@hanmail. net	강원도 태백시 동태백로 558 철암장 학센터(내)
강원	평창	문수청소년회	초·중·고등학생	033-335-1318/9	www.munsoo1318.org	강원도 평창군 진부면 진부중앙로 64 3층

강원	횡성	북부산림청(청태산 치유의 숲)	초·중·고등학생	033-738-6251	http://blog.daum.net/northforest4u	강원도 횡성군 둔내면 삽교리 1767-10
충북	제천시	로뎀청소년학교	초·중·고등학생	043-651-7732	www.rothem.co.kr	제천시 송학면 오미로 13길 37
충북	청주시	청주청소년상담복지센터	초·중·고등학생	043-223-0755	www.CJ1388.or.kr	청주시 상당구 중앙로 30
충북	청주시	한국청소년화랑단연맹(좋은친구들지킴이대안학교)	중·고등학생	043-224-6662	www.khwarang.net	충북 청주시 상당구 중고개로 337번길 23
충남	천안시	사랑의 하모니학교	초등학생	010-6413-8222		천안역 삼도상가 근처
충남	천안시	충남가족과성상담소	중·고등학생	041-578-1146	http://www.gajok75.org	충남천안시서북구쌍용대로 289-4삼정빌딩601호
충남	아산시	충남옥련청소년육성개발원	초·중·고등학생	041-548-1326	http://www.okryun.or.kr/	충남 아산시 득산동 산 6-7
충남	서산시	서산요리학원	중·고등학생	041-665-3631		충남 서산시 동문동 933-1
충남	서산시	아름다운 사람들	중·고등학생	041-668-8877	http://no1bp-ss.com/	충남 서산시 율지 16로 27 (동문동, 태현빌딩3층)
충남	홍성군	홍주예술미용학원	초·중·고등학생	041-633-0880		충남 홍성군 홍성읍 조양로 186 동양빌딩 3층
충남	홍성군	홍주제과기술학원	중·고등학생	041-633-0330	www.bakingall.com	충남 홍성군 홍성읍 의사로 64번길 9-5
충남	태안	한정은요리학원	초·중·고등학생, 일반인	041-673-3232		충남 태안군 태안읍 군청 8길 42-6
전북	전주시	꿈누리교실	중학생	063-253-2279		전주시 덕진구 안덕원로 71
전북	고창군	희망샘학교	초·중·고등학생	063-562-2811		고창군 무장면 학천로 267-6
전북	군산시	산돌학교	중·고등학생	070-8738-1318		군산시 월명안길 1
전북	군산시	가온누리대안교육센터	중·고등학생	063-838-1700		군산시 해망동로 392
전북	익산시	익산로드스쿨	중학생	063-283-1356		익산시 동서로 476-21
전북	전주시	민들레학교	중·고등학생	0636-261-7181		전주시 완산구 확학 6길 3
전북	완주군	작은샘골학교	중·고등학생	063-277-9890		완주군 화산면 화월리 457-1
전남	곡성군	심청골짝나라학교	중·고 부적응	061-363-4224	http://www.simcheongvalley.com	곡성군 석곡면 방주길 107
전남	목포시	청소년과미래자립지원센터	중·고 부적응	061-278-1380	http://www.youthself.com	목포시 백년대로 11번길 8
전남	목포시	청소년좋은세상	중·고 부적응	061-283-1088	www.happyworld.or.kr	목포시 하당로 60번길 9
전남	목포시	청소년문화공동체	중·고 부적응	061-284-0919	www.ycc7979.or.kr	목포시 하당로 88
전남	여수시	두리셋청소년학교	중·고 부적응	061-692-9128	withjikim.net	여수시 학동 7길 2
전남	순천시	청소년꿈키움센터	중·고 부적응	061-741-6546	www.cppb.go.kr	순천시 장명로 58 순천문화원 6-7층
전남	광주	광주대안교육센터	중·고 부적응	062-375-2283	없음	광주시 서구 화정로 175
전남	나주시	나주시청소년상담복지센터	중·고 부적응	061-334-1388	www.nj1388.or.kr	나주시 죽림길 34 2층
전남	해남시	해남청소년상담복지센터	중·고 부적응	061-537-1318	http://cafe.daum.net/hn1388	해남군·읍 북부순환로 105 2층

전남	장성시	장성청소년상담복지센터	중·고 부적응	061-393-1388	http://www.js1388.or.kr	
전남	목포시	성모의집	미혼모	061-279-8004	http://sungmo.kr	목포시 동명들목로 5-1
전남	나주시	어린엄마둥지	미혼모	061-333-0054	littlemomhome.net	나주시 보현길 9-4
충남	대전	해맑음센터	초,중,고 학교폭력 피해	070-7119-4119	www.uri-i.kr	대전시 유성구 대금로 93-13
경북	경산	청자연학교	중·고	053-801-1318	http://jikimgb.net/school	경북 경산시 경산로54길 19 (중산동)
경북	김천	삼일학교	중·고	054-437-1944		경북 김천시 부항1길 42-18
경북	안동	나섬학교	고	054-857-9177	http://naseom.com	경북 안동시 상지길 45 (율세동), 가톨릭상지대학 평생교육원 3층
경북	안동	안동영화예술학교	고	054-841-7830	http://www.mycines.kr/movieschool/main/main.html	경북 안동시 도산면 왕모산성길 82
경북	구미	파로스학교	중·고	054-476-1318		경북 구미시 수출대로35길 8-12(인의동)
경북	경주	성림통합대안학교	중	054-776-7522		경북 경주시 두림길 83 (황성동)
경북	상주	상주희망학교	중·고	054-533-7490		경북 상주시 남성1길 66 (남성동)
대전	대전	해맑음센터	초·중·고 학교폭력 피해학생 및 보호자	070-7119-4119	http://www.uri-i.kr	대전시 유성구 대금로 77 (구)대동초
경남	창원시	청소년폭력예방재단	중학생	055-263-1388	www.youthjikim.net	창원시 의창구 태복산로 3번길 31
경남	산청군	지리산 가랑잎 학교	중·고등학생	055-973-9723		산청군 단성면 덕천로 772
경남	창원시	로뎀학교	중·고등학생 (여)	055-292-4747	www.rothem03.or.kr	창원시 마산회원구 석전1동 48-3
경남	창원시	범숙학교	중학교(여)	055-298-1127	www.beomsoogi.or.kr	창원시 북면 동전로길 179-18
경남	고성군	동해청소년학교	중학생(남)	055-673-8586	cafe.daum.net/love8118	고성군 동해면 조선특구로 1526
경남	밀양시	밀양영화학교	중·고등학생	070-4173-9960	www.mycines.kr	밀양시 하양읍 명례리 964-4
경남	창원시	해밀학교	고등학생	055-256-5388	cafe.naver.com/haemilschool	창원시 의창구 태복산로
제주	제주시	한길정보통신학교	중·고등학생	064-799-3802		제주시 애월읍 소길리
제주	제주시	사회복지법인 청수 무궁화아카데미	중·고등학생	064-710-0454	http://www.momjeju.com	제주시 한경면 청수동 4길 30
제주	제주시	백제사	중·고등학생	064-752-2810	http://www.taegojeju.com	제주시 애월읍 광령리 4121
제주	제주시	은성종합사회복지관	초·중·고등학생	064-726-8388	http://www.eunsungsw.or.kr/	제주시 월두2길 63-1
제주	제주시	제주국제명상센터	초·중·고등학생	064-753-2313	http://www.imcjeju.com/	제주시 명림로 214-13
제주	제주시	동제주종합사회복지회관	초·중·고등학생	064-784-8280	http://dongjeju.anyline.kr/	제주시 평대12길 15
제주	서귀포시	서귀포상담센터	초·중·고등학생	064-732-3279		서귀포시 문부로2
제주	서귀포시	서귀포종합사회복지관	초·중·고등학생	064-762-0211	http://www.sgpwelfare.or.kr/	서귀포시 태평로 512번길 9

※ 출처 : 학생·학부모를 위한 학업중단 예방 길라잡이(2015년, 교육부·인천광역시교육청·한국청소년정책연구원)

2. 위탁교육제도: 시행방법

가. 위탁형 대안학교의 운영 방법

1) 운영 방침

가) 학기제 운영

위탁형 대안학교는 일반학교와 같이 1년 2학기제로 운영합니다. 이는 일반학교에 학적을 둔 학생들을 위탁받아 학교를 운영해야 하므로 동일한 학기제를 운영하여 재적학교의 혼선을 막고 학적관리의 효율성을 높이고자 하는 것이다. 하지만 위탁학생의 수탁은 학기 중 수시로 이루어지기 때문에 학기말에는 적응교육기간을 고려하여 위탁학생의 상담을 받는 학교가 많다. 이러한 경우에는 미리 상담을 예약하고 다음 학기가 시작함과 동시에 위탁교육상담을 받을 수 있도록 준비하는 것이 좋다.

나)「대안교육운영위원회」구성 및 운영

위탁형 대안학교에서도 일반학교와 마찬가지로 학교 교육계획 및 교육과정 운영, 학생 생활지도, 소요 경비 예·결산 심의 등을 위해 「대안교육운영위원회」를 구성하여 운영하고 있다. 이때 일반학교와 다른 점은 위탁교육대상자들만을 위해 별도의 교육계획을 수립·시행하는 것을 그 원칙으로 한다는 것이다. 즉 보통교과의 최소단위 운영으로 기초실력은 향상시키고 특성화 교과는 탄력적으로 운영하여 학생의 소질과 적성 개발을 우선시 한다. 이러한 특성화 교과를 선택할 때 학생들을 대상으로 설문조사나 교과목 선호도 조사를 실시하여 학생들의 의견이 최대한 반영되도록 하기 때문에 각 위탁학교의 특색에 맞으면서도 학생들이 좋아하는 교과목 운영이 가능하다. 이 것이 일반학교와는 차별화 된 위탁형 대안학교의 운영방법이라고 할 수 있다. 이 부분은 교육과정 운영에서 좀 더 자세히 설명하기로 한다.

다) 학급당 인원수

대안교육 위탁과정의 학급당 인원수는 20명 이하로 정해져 있다. 다만, 위탁 인원수가 너무 적어 학교운영에 어려움이 있거나 반대로 너무 많아 더 학생들이 위탁을 원할 경우에 한하여 교육청과 협의하여 운영 방법을 정할 수 있다. 이와 같이 학급당 인원수에 융통성을 두는 것은 두 가지 이유가 있다. 첫째, 되도록 위탁교육을 원하는 학생이 인근지역의 위탁형 대안학교로 통학을 해야 하는데 이때 위탁학생 수를 예상하기 어렵기 때문이다. 둘째, 적정 인원수를 두어 학교운영에 도움이 되도록 하면서 최대한 많은 수의 학업중단 위기학생들의 중도탈락 예방을 막기 위한 위탁형 대안학교의 운영 방법이다.

나. 위탁형 대안학교의 학교 교육과정

1) 교육목표 및 특성화 교육 방향 결정

위탁형 대안학교의 교육이념과 실정을 고려하여 교육목표 및 특성화 방향을 결정해야 한다. 앞에서도 설명하였지만 위탁형 대안학교의 설립 목적은 위기 학생을 수탁하여 인성 및 진로교육을 강화하고 학생 개인별 맞춤식 교육을 실천하여 학생들의 적응능력을 향상시키는 것이다. 따라서 위탁교육에 적합하도록 교육내용과 방법을 일반학교와는 차별화되게 재구성하여 적정한 양과 수준의 학습경험을 학생들에게 제공해 주도록 더 세밀하게 신경을 써야 한다.

또한 현실적으로 위탁형 대안학교에는 전담교사가 1-2명 뿐이므로 교과의 요일별 배치에 따른 지도강사 선정이 어려우므로 집중이수제 운영을 가능하도록 하여 수업 운영의 현실적인 문제도 고려해야만 한다. 더불어 일반학교와는 시설적인 면에서 많은 차이가 있기 때문에 지역사회 교육기관을 효과적으로 이용할 수 있도록 프로그램을 편성하는 것도 좋은 방법이다.

위탁형 대안학교에서 이러한 교과수업과 반드시 병행해서 가져야 할 교육목표는 학생들의 인성교육 강화와 부모·교사와의 관계 형성을 위한 프로그램이다. 이는 학생들이 학업부적응의 상황을 겪으면서 받았을 심리적인 상처를 학교 안에서 자연스럽게 치유하고 가장 가까운 주변부터 관계를 재정립해 나가야만 위탁형 대안학교에 대한 적응력이 높아지는 긍정적인 효과를 거둘 수 있기 때문이다. 따라서 위탁형 대안학교의 교육과정은 일반학교와는 다르게 여러 가지 부분을 세밀하게 고려하고 차별화해서 재구성을 해야만 하기 때문에 교육과정 운영을 유형에 따라 분류하여 편성하도록 하고 있다.

〈표 1〉 위탁형 대안학교의 교육과정 배정의 주안점

교육목표	관계형성능력과 기초학습능력 증진			
	기초학습 능력향상	관계회복	자기이해와 정체성회복	자기존중과 미래희망
관련교과 (예시)	보통교과	대안교과		
	국어 도덕 사회 수학 과학 영어	생활과인성 생활건강 댄스 특별활동	프로젝트학습 미술치료 도예	논술 신문활용교육 컴퓨터과학
교수방법	1:1학습, 강의식 학습, 모둠학습, 자기주도적학습 프로젝트학습, 생활과제중심학습			

2) 학교 교육과정 운영 유형

앞에서 설명한 바와 같이 위탁형 대안학교마다 어떤 교육프로그램으로 학교를 운영하느냐 하는 교육목표에 따라 교육과정은 달리 편성된다. 그러나 교육과정의 공통

점은 주로 인성, 소질·적성, 진로교육 등의 대안교과를 편성·운영하고, 보통교과(국어, 영어, 수학, 사회, 과학)는 1주일에 최소 2시간 이상씩 편성·운영해야 한다는 것이다. 이는 위탁학생이 상급학교로 진학을 할 경우 필요한 최소한의 보통교과 단위수를 고려해야 하기 때문이다. 간혹 기술교육을 위해 보통교과의 최소단위수를 무시하고 교육과정을 짜게 되면 대학진학이 불가능하거나 학교선택의 폭이 좁아져 학생의 진학기회를 막을 수가 있으니 유념해야 한다.

가) 인성교육 중심 모델 학교

인성교육 중심 모델 학교는 주로 학업중단 위기 학생이 위탁교육을 거쳐 다시 일반학교 생활에 적응하고자 하는 학교복귀 교육프로그램을 가진 학교이다. 따라서 보통교과(국어, 영어, 수학, 사회, 과학, 체육/예술, 생활/교양)을 전체수업의 50% 이상 편성하여 교육과정을 운영하며, 학생들이 특기 적성 보다는 상담수업과 교과수업을 병행하면서 학교적응력을 높이는데 주안점을 둔 모델형 학교이다.

나) 진로·직업교육 중심 모델 학교

진로·직업교육 중심 모델 학교는 교육과정 전체의 60% 이상을 진로·직업에 관련된 교육·체험 등으로 운영하여 기초교과 학습과 동시에 진로설계 및 직업교육을 병행하는 학교이다. 이때 전체 수업시수 중 보통교과는 40%, 진로·직업교육은 60% 정도의 비율로 나누어 교육과정을 편성한다. 이러한 위탁형 대안학교는 상급학교 진학을 위한 보통교과의 최소단위수를 유지하면서, 학생의 진로설계와 직업교육에 더 주안점을 두어 위탁학생이 사회인으로 준비하고 적응하는데 필요한 교육프로그램 편성 운영하고 있는 것이 특징이다.

다) 현장실습 중심 모델 학교

현장실습 중심 모델 학교는 3인 이내의 학생을 대상으로 전문기술이 필요한 직업

현장(미용실, 커피숍, 인테리어사무소, 자동차 정비소, 사진관, 영화촬영스텝 등)에 직업체험 과정을 위탁하여 현장 인턴쉽을 통한 배움을 줄 수 있도록 교육프로그램을 편성하여 운영하고 있다. 이때 학생들은 자신이 원하면 교사와 협의하여 반일위탁형 또는 주 3일 운영 등 다양한 형태로 수업에 참여할 수 있으며, 이러한 현장수업은 모두 출석일 수로 인정이 된다. 물론 이 경우에도 마찬가지로 교육과정 방침에 따라 전체 수업시수 중 보통교과는 최소 40%를 편성 운영해야 한다.

라) 자격증 취득 중심 모델 학교

자격증 취득 중심 모델 학교는 기초교과 학습 외에 국가기술자격증과 관련한 과목을 학습하거나, 국가기술자격증 취득을 위한 실습 등을 중심으로 운영하는 교육프로그램을 가진 모델형 학교이다. 이때 국가기술자격증이라 함은 한국산업인력공단이 발급하는 자격증 과정을 말한다. 이러한 위탁형 대안학교는 전체 수업시수 중 보통교과 40%와 병행하여 자격증 관련 수업을 60% 편성하여 교육과정을 편성 운영하는 특징을 가지고 있다.

3) 학교 교육과정 편성 해설

위탁형 대안학교의 학교 교육과정도 일반학교와 마찬가지로 2011학년도 입학생부터 2009년 개정 교육과정(교육과학기술부 고시 제2009-41호, 2009.12.23.)을 따르고 있다. 또한 창의적 체험활동도 동일하게 실시한다. 그러나 세부 활동내용이나 수업의 방향이 조금씩 다를 수는 있다. 위탁형 대안학교의 학교 교육과정은 다음과 같이 크게 2가지로 구분된다. 바로 보통교과와 특성화 교과이다.

교육과정		편성 방법
교과 활동	보통교과 (교원자격증 필수)	보통교과는 선택과목의 범위 내에서 선택 보통교과는 전체 교육과정의 주당 수업 시수 중 1/3 이상 운영
	특성화 교과	대안교과는 전체 교육과정의 주당 수업 시수 중 2/3 이하로 운영 인성, 진로, 특성화 교육이 가능하도록 편성·운영하되, 대학의 평생교육원 또는 각종 대안교육 관련 기관·시설 등에 위탁운영 가능. 대안교육의 기초가 될 수 있는 과목은 교육청과 협의하여 보통교과의 이수로 간주할 수 있음

이와 같은 편성 방법으로 보통교과와 특성화 교과의 교육과정을 운영한다. 교육과정 편성 시 유의점은 가급적 하나의 교과는 교과 기준시수(단위수)를 기준으로 수업시수를 확보하고 가능한 학기별로 집중하여 이수하도록 편성해야 한다는 것이다. 예를 들면 주당 1시간을 실시하되 1학기에는 A과목을, 2학기에는 B과목을 운영하기보다, A과목을 1학기에 주당 2시간 운영하고 B과목은 2학기에 주당 2시간 운영하도록 교육과정을 편성하는 것이 효과가 높다.

그러면 위탁형 대안학교에서는 주로 어떤 특성화 교과 수업을 편성하여 운영하는지 살펴보도록 한다. 이러한 특성화 교과 수업의 과목명은 매년 바뀔 수 있다. 또한 대안교과 선택은 가능한 아래 표 안에서 선택·활용해야 NEIS와 원활하게 연계될 수 있다. 하지만 위탁형 대안학교의 특성상 부득이하게 다른 과목 개설해야 할 경우에는 교육청 담당부서와 협의하여 새로운 과목명을 신설 요청하고, 과목을 개설한 후에 교육과정에 편성 운영할 수 있음을 유념해야 한다.

3. 위탁교육제도: 효과

일선학교의 선생님들이 학업부적응으로 힘들어 하는 학생들에게 위탁형 대안교육을 권유하고 수탁하는데 있어서 가장 힘들어 부분이 바로 학생들의 출결과 성적관리이다. 이는 NEIS에서 어떻게 등록하고 관리하는지에 대한 연수나 교육이 전무하여 배울 기회가 전혀 없기 때문이다. 이번 연수를 통하여 메뉴얼 대로 한번만 배워 놓는다면 많은 선생님들이 앞으로 부담 없이 학생들에게 새로운 교육의 기회를 열어줄 수 있을 것이다.

가. 위탁형 대안학교 학생의 출결관리

위탁형 대안학교 학생의 출결관리는 재적학교의 재학생들과 동일하게 관리한다. 다만 위탁학생들은 NEIS에서 위탁학생으로 등록하여 관리해야 한다. 이때 출결상황은 위탁형 대안학교에서 받은 개인별 출결통지서를 바탕으로 하여 그대로 수업일수를 인정해야 한다. 그러나 시험이나 담임교사 면담 등으로 인한 재적학교의 지정된 등교일은 출결통지서 없이도 소속 학교에서 출결처리를 할 수 있다.

1) 위탁학생 출결관리 등록

[학적]-[위탁학생관리]-[위탁학생출결관리]에서 '학년도', '학기', '과정' 확인 후 '계열/학년/학과' 선택 후 {조회} → 학생 리스트에서 해당학생 선택 → 해당 월의 수업일수와 결석·지각·조퇴·결과(질병·무단·기타 구분) 입력 → {저장}을 누른다.

[그림 1] 위탁형 대안학교의 출결통지서 예시

• 대상 : 2학년 1반 1번 강○○ • 기간 : 20**.04.01.–20**.04.30.

수업 일수	결석일수			지각			조퇴			결과			특기 사항
	질병	무단	기타	질병	무단	기타	질병	무단	기타	질병	무단	기타	
22	1			2									

2) 위탁학생 출결관리 유의사항

위탁학생의 월별 출결자료는 위탁형 대안학교에서 익월 초에 송부하는 위탁학생의 학생 '개인별 출결통지서'를 근거로 입력한다. 앞에서 설명하였듯이 평가기간이나 담임교사 면담 등 재적학교의 지정된 등교일은 소속 학교에서 출결을 처리하면 된다. 단 위탁학생이 평가에 미응시하거나 재적학교에 출석을 안했을 경우에는 무단결석으로 처리한다.

일일출결관리를 사용하는 학교([학적]-[출결관리]-[일일출결관리(담임용)])의 경우에도 일일출결상황은 표시하지 않고, 월말에 [학적]-[출결관리]-[반별월출결마감관리]에서 마감하고, 위탁학생의 출결상황은 [학적]-[위탁학생관리]-[위탁학생출결관리]에 들어가서 위탁형 대안학교에서 월별로 송부한 출결자료를 입력하되, 해당 월에 재적학교의 등교일이 있는 경우 재적학교 출결자료와 일수를 합산하여 등록한다. 그 이유

142

는 위탁학생의 경우에는 수탁되기 전까지는 재적학교의 학생이기 때문에, 위탁될 때까지의 재적학교 수업일수와 위탁 이후의 위탁형 대안학교의 수업일수를 합산하여 산정해야 하기 때문이다.

따라서 위탁학생의 수업일수는 재적학교의 수업일수와 다를 수 있다. 위탁학생이 소속된 학급에서는 [학적]-[출결관리]-[일일출결관리(담임용)]에서 일일 출결현황을 등록하고 마감하되, 월말에 다음 절차대로 위탁학생의 출결처리를 진행한다. ① [학적]-[출결관리]-[반별월출결마감관리]에서 해당 월 마감합니다. ② [학적]-[위탁학생관리]-[위탁학생출결관리]에서 위탁형 대안학교에서 보내온 해당 월의 출결자료를 등록한다.

위탁학생 출결자료를 등록한 후에 [학적]-[출결관리]-[반별월출결마감관리]에서 해당 월 마감취소를 하는 경우에도 [학적]-[위탁학생관리]-[위탁학생출결관리]에서 등록된 해당 월의 위탁학생 출결자료는 삭제되지 않으므로 위탁학생의 출결자료 수정은 [학적]-[위탁학생관리]-[위탁학생출결관리]에서만 가능하다.

나. 위탁형 대안학교 학생의 성적관리

위탁형 대안학교 학생의 성적관리는 학교교육과정의 일반적인 편제에 따른 학생들과 다르게 위탁형 대안학교에서 이수한 과목과 성적을 그대로 인정하여 입력해야 하기 때문에 선생님들이 느끼기에 조금 복잡할 수 있다. 가장 중요하고 기본적인 성적관리 주요방침은 위탁형 대안학교의 교육과정에서 이수한 과목명과 성적이 그대로 입력되어야 한다는 것이다.

만약 위탁 전 소속 학교 성적이 있는 경우에는 위탁형 대안학교로 해당 성적을 통지하여 위탁형 대안학교의 학업성적관리규정에 의거 재적학교의 성적과 위탁 이후 취득한 성적을 합산하여 성적을 산출한다. 재적학교의 성적이 없는 경우에는 위탁형 대안학교의 학업성적관리규정에 의거 위탁 이후의 취득한 성적만으로 성적을 산출하여 기입하면 된다. 재적학교와 위탁형 대안학교의 보통교과 이수단위가 다르더라도 과목명이 일치할 경우 합산하여 산출하고, 일치하지 않을 경우는 위탁형 대안학교의 성적만으로 산출한다.

1) 위탁학생의 성적관리 전체 흐름도

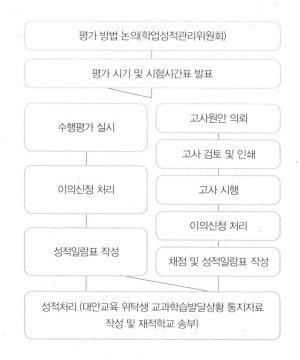

재적학교로의 성적통지는 성적 처리 완료 후 5일 이내에 이루어져야 한다. 또한 대안교육 위탁기관에서 보통교과 또는 특성화 교과를 직접 교육하지 않는 경우, 직접 교육한 기관에서 평가 자료를 받아 이를 위탁형 대안학교에서의 평가로 인정(또는 대체)할 수 있다. 그리고 위탁학생의 성적산출관련 서류는 해당학생 졸업 후 1년 이상 보관해야 한다. 수행평가는 연중 실시하며, 위탁형 대안학교의 정기고사는 학기 당 1회 이상 실시함을 원칙으로 정해 학생들의 기초학력 증진을 강조하고 있다.

2) 위탁학생의 성적관리 유형

가) 위탁형 대안학교에서 학기말 성적자료를 송부한 경우

[학적]-[위탁학생관리]-[위탁학생성적등록]에서 '학년도', '학기', '과정' 확인 후 '계열/학년/학과' 선택 후 {조회} → 학생 리스트에서 해당학생 선택 → {과목추가} → 과목별 성적('단위수', '원점수', '석차등급', '과목평균', '과목표준편차', '수강자수' 등) 입력 → {저장}한다.

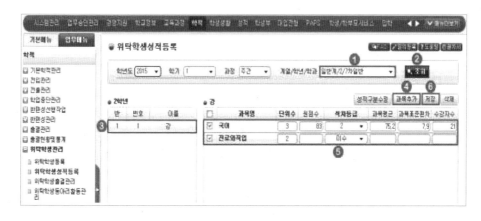

위탁학생의 성적은 재적학교의 학기말 성적이 마감되면 입력할 수 없으므로 재적학교 성적산출 후 마감된 상태라면 마감취소 후 입력해야 한다. 위탁형 대안학교에서 이수한 과목은 과목명이 진하게 표기되며, 재적학교에서 수강하지 않은 과목은 [교육과정]-[과목개설관리]-[학생별수강과목편성]에서 해당학생의 수강 편성 과목을 삭제해 주어야 한다.

나) 재적학교에서 성적을 산출하는 경우

위탁학생의 성적을 재적학교에서 성적을 산출한 경우에는 보통교과(중학교는 공통교육과정의 교과) 성적산출은 소속 학교의 학업성적관리규정에 따라 처리하면 된다.

이때 재적학교의 과목별 성적산출에 빠져 있는 위탁학생을 수강자수에 포함하여 전체인원 수 안에 포함시켜 주어야 한다.

다) 위탁학생의 대안교과 성적관리

위탁학생의 대안교과 성적관리 요령은 다음과 같다. 위탁형 대안학교에서 송부한 성적은 동일(유사)과목으로 인정하여 입력하되, 성적('교과', '과목', '단위수', '원점수/과목평균(표준편차)', '성취도(수강자수)', '석차등급')이 산출되지 않은 과목은 '세부능력 및 특기사항'에 문장으로 이수 내용을 입력한다.

[그림 2] 대안교과 통지표 예시

• 대상 : 2학년 1반 1번 강○○

교과영역	과목명	단위수	수강자수	이수기준	이수여부	세부능력 및 특기사항
대안교과	심성 계발	4	19	70	이수	
	조리	6	19	70	이수	
이수단위 합계		10				

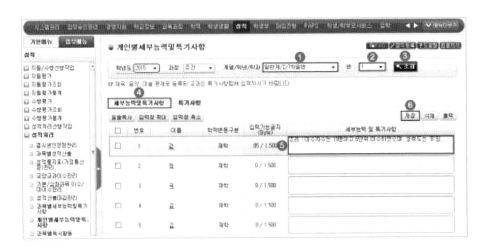

146

[성적]-[성적처리]-[개인별세부능력및특기사항]에서 '학년도', '학기' 확인 후 '계열/학년/학과', '반' 선택 후 {조회} → {세부능력및특기사항}탭에서 해당학생의 '세부능력 및 특기사항'란에 대안교과 성적 입력 → {저장}한다.

위탁형 대안학교에서 송부한 대안교과 성적은 교과학습발달상황 '세부능력 및 특기사항'란에 예시와 같이 입력하면 된다.

학교급	입력예시
중학교	○○○ : 이수자수는 ○○명이고 ○○시간 이수하였으며, 성취도는 'B'임.
고등학교	○○○ : 이수자수는 ○○명이고 ○단위 이수하였으며, 성취도는 'B'임.

※ 세부능력 및 특기사항이 있는 경우 이어서 입력함

다. 위탁형 대안학교 학생의 학교생활기록부 작성

가) 위탁기관의 수상자료 등록

- 수상자료는 위탁기관에서 송부하는 '학교생활기록부 보조부'를 근거로 입력한다. (상장번호 표기).
- 위탁기관에서 수여한 수상자료는 소속 학교의 상장번호 자동채번 설정과 관계없이 직접 입력할 수 있는 [학생생활]-[수상경력]-[학급별수상관리]의 {학급별수상관리} 탭에서 등록하며, '수여기관'에는 희망학교장을 입력한다.

[그림 3] 기재 예시

• 대상 : 2학년 1반 1번 강○○

상장번호	수상명	등급(위)	수상연월일	수여기관	참가대상(참가인원)
제20**-010호	음식문화대회	은상(2위)	2015.05.21	경기도 희망나눔학교장	2학년(67명)

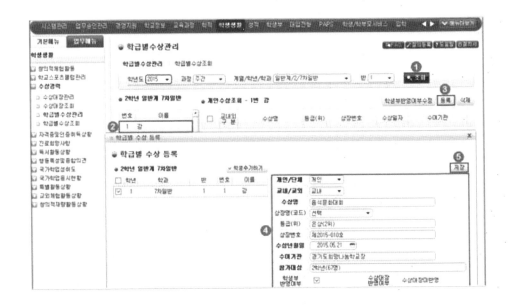

2) 위탁학생의 기타 자료 등록

- 자격증 등록(고등학교만 해당): [학생생활]-[자격증및인증취득상황]-[자격증 등록]

- 진로희망사항: [학생생활]-[진로희망사항]-[진로희망사항기록]

- 창의적 체험활동상황
  • 자율활동: [학생생활]-[창의적체험활동]-[자율활동누가기록]의 {개인별} 탭에서 활동내용을 입력하되, 일자는 '(직접입력)'으로 선택하여 입력한다.
  • 동아리활동: [학적]-[위탁학생관리]-[위탁학생동아리활동관리]
  • 봉사활동실적: [학생생활]-[창의적체험활동]-[봉사활동누가기록]
  • 진로활동: [학생생활]-[창의적체험활동]-[진로활동누가기록]의 {개인별} 탭에서 활동내용을 입력하되, 일자는 '(직접입력)'으로 선택하여 입력한다.

- 독서활동상황: [학생생활]-[독서활동상황]-[독서활동상황기록]

- 행동특성 및 종합의견: [학생생활]-[행동특성및종합의견]-[행동특성및종합의견]

※ 위탁학생의 학교생활기록부의 모든 자료 역시 위탁형 대안학교에서 송부한 자료를 위와 같은 경로로 그대로 입력해 주는 것이 중요하다.

제5장

위기학생
상담과 지도

1. 원인별 지도방안

가. 학업중단 학생들의 개인별 원인

1) 심리적 문제

　미래에 대한 불안감, 학업에 대한 정신적 스트레스, 부모의 기대에 대한 압박감 등으로 심리적인 어려움을 겪는 시기는 시기이다. 따라서 경쟁적인 학업구조 속에서 나와 친구를 자꾸 비교하며 긍정적인 것보다는 부정적인 것에 대한 걱정과 근심으로 대부분 우울감을 보유하고 있어 학업중단의 위기를 초래할 수 있다.

2) 신체적-행동적 문제

　남에게 알리기 어려운 신체적 질병을 가진 경우 친구에게 피해를 준다고 느끼거나 놀림감이 될 것을 염려할 수 있다. 또한 청소년기는 급격한 육체적, 정신적 변화의 시기로 충동적, 공격적으로 행동할 수 있으므로 신체적-행동적 문제도 학업중단의 개인별 요인으로 작용할 수 있다.

　담임교사, 상담교사가 학생의 개인적인 고충을 학교 안에서 상담해 줄 수 있다. 그러나 학교 밖에서도 청소년들은 그때마다 밀려오는 고민을 상담하고 싶어 한다. 이럴 때는 어떤 종류의 고민이든 상관없이 24시간 청소년 고민을 상담해 줄 수 있는 전문기관을 활용하면 된다.

3) 인터넷, 게임 중독

　인터넷 중독으로 수면부족, 집중력 저하, 학교생활에 흥미가 없어 학업중단을 해야 하는 경우가 발생한다. 인터넷, 게임 중독은 현대 사회의 학생들에게 현재 부모와 가장 많은 갈등의 요인이 되고 있는 개인별 원인 중에 하나이다. 인터넷, 게임 중독은 다른 중독성 질환과 마찬가지로 학생 스스로 통제하기 어려운 경우가 많다. 대부분의 학생들은 인터넷, 게임 중독으로 인한 우울증, 충동조절장애 등 장기적 심리치료가 필요한 상태일 경우가 많기 때문에 다음과 같은 전문기관을 활용하여 지도하는 것이 필요하다.

[도움을 받을 수 있는 곳]

- 한국정보화진흥원 인터넷중독 대응센터(www.iapc.or.kr)/(1599-0075)
- 서울시인터넷중독 예방상담센터 「I Will 센터」(www.iwill.or.kr)/(1899-1822)

나. 학업중단 학생들의 가정적 원인

1) 부모의 학대

부모의 음주로 인한 언어적 육체적 폭력에 시달리는 경우가 이에 해당한다. 또한 이런 경우 학생들은 집에 있기가 싫어지고 가출이 잦아지며 학교를 가지 않게 된다. 부모가 육체적으로 폭력을 행사하는 경우가 아니라 하더라도 부모의 감정적 학대가 자녀의 부적응 행위로 이어져 서로의 삶의 불행의 원인을 상대방에게 찾아 서로를 질책하는 경우가 빈번하게 발생한다. 이런 가정별 원인도 보다 전문적인 기관의 도움을 받아 지도할 수 있다.

[도움을 받을 수 있는 곳]

- 아동학대 신고전화 ☎112
- 시ㆍ도교육청 학생고충 신고 상담전화 ☎1588-7179
- 보건복지부 콜센터 ☎129 http://www.129.go.kr

• 중앙아동보호전문기관 ☎ 1577-1391 http://www.korea1391.org

2) 경제적 빈곤

부모의 사업실패, 실직 등으로 경제적 어려움을 겪는 경우에 특히 자녀의 힘으로 해결이 어려워 장기적인 갈등 요인이 된다. 학생들은 이로 인해 학교생활보다 돈벌이에 집중하게 되는 경우가 많아지고, 이러한 경제적 어려움은 교우관계 형성에도 장애요인이 된다. 이런 경우 학교생활에 흥미를 잃고 학업중단의 가능성이 높아지게 된다. 이럴 경우 선생님들은 정부와 지역사회 네트워크를 이용하여 학생들에게 도움을 줄 수 있다.

[도움을 받을 수 있는 곳]
• 교육비 원클릭 신청 시스템(https://oneclick.moe.go.kr/es/) ☎ 1544-9654
• 직업능력지식포털 HRD-Net(www.hrd.go.kr) 및 고용센터(www.jobcenter. hrd-net.co.kr)

다. 학업중단 학생들의 학교생활 관련 원인

1) 학업적 갈등

기초학습능력이 부족한 경우에 경험하게 되는 다양한 학업 문제 역시 학업중단의 주요한 원인이 된다. 중고등학교를 진학하면서 점점 자신감을 잃게 되면서 결국 포기하게 되는 학생들 증가하고, 따라가기 힘든 교과공부로만 이루어진 학교수업이 견디기 힘든 나머지 학교생활이 곧 공포가 된 학생들이 발생한다. 더구나 학교 교육과정이 자신이 원하는 진로와 맞지 않을 때 학생들은 학업을 중단하고 싶은 생각이 든다. 이때 선생님들은 학생들이 현재 다니고 있는 학교 이외의 교육기관과의 연계로 학생들의 학업중단을 예방할 수 있다.

2) 교우관계의 갈등

또래집단 관계는 학교생활에 막대한 영향을 미치게 된다. 따라서 잘못된 또래집단 형성은 학업중단의 위기를 높이는 경우가 많다. 남학생의 경우 서열관계 형성의 문제를 여학생의 경우는 집단형성의 문제를 겪는 경우 은따, 왕따로 인한 갈등의 문제가 발생한다. 이때 학교생활에 재미가 없고 잦은 결석이나 지각 등의 문제행동이 나타나기 시작하고, 잘못된 또래집단 형성은 음주, 흡연, 가출로 이어져 심지어 친구가 학교를 그만두면 따라서 그만두는 경우까지도 발생한다.

3) 교사와 갈등

학생들에게 교사와의 갈등 역시 학업중단의 학교생활에 요인 중에 하나가 된다. 교사가 자신에게 공정하지 못하다고 생각하는 경우, 학생은 교사의 생활지도를 거부하게 되고 이로 인한 갈등으로 악순환이 거듭된다. 결국 교사-학생간의 신뢰가 무너지고 적대적인 관계로 치닫는 경우가 발생한다.

4) 학교 규칙 준수에 대한 억압

잦은 규칙위반과 징계로 학교에 대한 거부감을 가지고 학생들이 많다. 등교시간, 야간 자율학습, 머리모양, 화장, 옷차림 등 학교 규칙이 부당하다는 느낌을 가지게 되고, 이런 학교규칙을 잘 지키지 못하고 벌점이 누적 되는 경우에는 등교를 거부하는 일도 발생한다.

5) 이외 다양한 이유의 문제행동들로 학업을 중단할 경우

이미 비행에 빠지거나 반복된 문제행동(음주, 흡연, 폭력 등)으로 낙인 찍혀 학교생활이 스스로 어렵다고 판단되어 학업을 중단하는 경우도 있다.

이와 같이 다양한 학교생활 관련 원인으로 인하여 충동적으로 학교를 그만두고 싶은 경우, 먼저 담임교사나 상담교사와 상담을 하는 것이 중요하다.

선생님들은 이때 스스로 모든 학생들을 상담을 통해 지도하기 보다는 Wee 클래스 또는 Wee 센터 활용하여 좀 더 전문적인 상담을 진행하여 학업중단 예방의 효과를 높일 수 있다.

[도움을 받을 수 있는 곳]

• 서울시학교밖청소년지원센터(www.seoulallnet.org) ☎ 02)2675-1319
• 광주광역시학교밖청소년지원센터(www.flyyouth.or.kr) ☎ 062)376-1324

출처 : www.wee.go.kr

6) 학교 폭력에 대한 두려움

친구나 선배로부터 학교폭력을 경험한 학생이나 또래에게 지속적인 괴롭힘을 당하거나 비행친구들이 자꾸만 밀접한 접촉을 해오는데 학교나 부모님에게 말하기 어려운 경우 학생들은 학교 폭력에 대한 두려움을 가지고 학업중단에 대한 고민을 시작한다. 그 외 몸집이 외소 하여 다른 학생들보다 힘이 약한 경우, 특별한 이유 없이 외모나 태도 등으로 괴롭힘을 당하는 경우에는 단순한 학교생활 적응을 뛰어넘은 대인기피증 또는 사회생활 거부로도 이어질 수 있으므로 선생님들의 발빠른 대응책이 필요하다.

7) 학교에서 발생되는 각종 성 관련 문제

또래의 이성과 관련된 성폭행, 선배나 교사 등에게 당하는 성추행 등 학교 안팎에서 이루어지는 학생에게 발생한 성 관련 문제로 인해 뜻하지 않은 임신 등의 사유로 학업을 중단해야 하는 경우의 학생들에게 도움을 주기 위한 제도들이 있다. 성관련 문제는 민감하며 지속적이고 보다 전문적인 심리상담의 영역이므로, 학교 내에서 상담을 하기보다 성폭력 전문상담 기관과의 연계가 절대적으로 필요하다.

[도움을 받을 수 있는 곳]
- 여성긴급상담전화(1366)
- One-stop 지원센터 & 해바라기 아동센터(1899-3075)
- 한국여성상담센터(02-953-2017)
- 미혼모를 위한 위탁형 대안학교 운영 중(서울-나래대안학교)

2. 위기학생 이해

가. 학업중단 위기의 구분

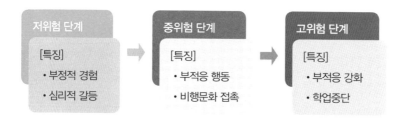

나. 학업중단 위기학생의 단계별 이해

1) 저위험 단계의 학업중단 위기학생

가) 특징

- 학업중단의 위기행동을 보일 수 있는 단계이다. 따라서 부모나 교사의 관심과 지지가 필요한 단계이며, 이 시기에는 개인상담이나 가정과 연계한 부모상담을 통한 해결이 가능한 단계라고 할 수 있다.

나) 부정적 경험 누적

- 학업중단 청소년들은 이 시기에 심한 감정의 기복을 경험하며 열등감과 낮은 자존감을 지니게 되며, 왕따나 학교폭력의 직-간접적인 경험을 할 수 있다. 또한 부모의 이혼, 사망, 사업실패 등의 경험, 성적부진, 기초학력부진, 과도한 입시경쟁을 위한 수업 등을 통해 학교에서 겪게 되는 부정적 경험, 또래나 교사와의 관계 부적응 경험 등으로 학업중단의 저위험군 단계에 이르게 된다.

다) 심리적 갈등

- 자기 통제력의 부족이나 극심한 소외감을 겪게 된다. 자신의 꿈과 이상에 대한 자아실현 욕구와 현실의 괴리에서 오는 심리적 갈등으로 방황할 수 있으며, 부모나 교사를 향한 수동적 반항심을 가질 수 있다. 이에 따라 공부에 대한 흥미 저하, 학교에 대한 기대와 의미의 상실, 학교 규칙에서 벗어나고자 하는 자유로움을 추구하는 기본적 욕구을 가질 수 있다.

라) 예시적 상황

- 학교는 왜 가고 공부는 왜 해야 하는지 모르겠어요
- 선생님이나 친구들이 나를 이해하지 못해요
- 부모님과 대화가 안 통해요
- 학교 수업이 하나도 재미가 없어요
- 앞으로 무엇을 해야 할지 답답할 뿐이에요

마) 지도방안

- 부모나 교사의 애정과 관심으로 충분히 인지 가능한 단계인다. 이 시기는 다양한 부정적인 경험으로 심리적인 갈등이 있지만 개인상담으로 해결이 가능한 단계이므로, 지속적인 상담과 관찰과 조기에 문제행동을 조절할 수 있는 단계

이다. 따라서 부정적인 경험을 승화할 수 있도록 공감과 경청의 자세로 상담에 임하고, 학생의 심리적 갈등을 위한 방어기제나 저항이 가장 약한 단계임을 알고 접근할 필요가 있다.

2) 중위험 단계의 학업중단 위기학생

가) 특징

- 위기 행동을 실제로 실행할 수 있는 가능성의 단계이다. 학교 안팎에서 부적응 행동이 실제 나타나는 단계이기 때문에 조기에 빨리 진단하여 담임교사나 상담교사가 상담하기 보다는 전문상담 기관에 의뢰하여 협조하는 것이 더 효과적인 단계라고 할 수 있다.

나) 부적응 행동 발현

- 습관적인 지각의 시작, 수업의 흥미 상실, 잦은 조퇴 및 결석이 나타나기 시작한다. 교칙 무시, 교사와의 갈등구도가 시작되며 부모와의 대화가 서서히 단절되기도 하고 의미 없는 욕설이 증가한다. 또한 늦은 귀가나 가출 등의 충동적 행동이 잦아지고 음주, 흡연 등의 일탈행위와 더불어 이성과의 부적절한 성관계를 맺기도 하는 저위험군 단계보다 더 많은 부적응 행동이 외부로 표출되는 단계이다.

다) 비행문화 접촉

- 또래친구들과의 패거리 문화를 형성하기 시작한다. 학교 밖 친구들과 유대감을 형성하며 집단폭행, 당구장, PC방 등 청소년 출입금지 장소의 출입으로 비행문화 와 접촉하게 된다. 이 시기의 학생들은 가정, 학교에서는 이해 받지 못하고 같은 경험과 상처를 지닌 비행청소년과의 유대감과 결속력이 더욱 강화

된다. 따라서 옳고 그름을 잘 구별하지 못하고 즉흥적이며 충동적이 되어 남의 돈을 갈취하거나 훔쳐 유흥비로 사용하기도 한다.

라) 예시적 상황

- 부모님 잔소리가 듣기 지겹고 나도 모르게 가끔 욕설이 튀어나와요
- 학교는 답답하고 규칙도 엄격하고 선생님은 짜증나요
- 친구들과 술, 담배를 같이 안 하면 왕따 당해요
- 남의 물건을 훔친 경험이 있고 안된다는걸 알면서도 통제가 안되요
- 이성친구와 밤늦게까지 있고 싶고 집에 가기 싫어요

마) 지도방안

- 저위험 단계를 거치며 자신과 타인에 대한 불신이 심화되는 단계이다. 이에 따라 학생들은 보다 방어적이고 저항의 강도가 높아 담임교사나 상담교사가 상담하는 것보다 전문상담 기관과 연계하는 것이 효과적인 단계이다. 따라서 Wee 클래스, Wee 센터, 청소년 전문상담기관의 협조 요청을 구하여 전문상담교사, 전문상담사, 사회복지사와 등 전문가와의 상담을 통해 학생이 전문가로부터 도움을 받고 있다는 심리적 안정감을 유도할 필요가 있다. 이때 유의할 점은 학생의 부정적인 행동에 대한 비난이나 질책을 금지하고 비심판적인 태도로 도움의 손길을 요청하도록 조력하는 것이다.

3) 고위험 단계의 학업중단 위기학생

가) 특징

- 학업중단의 위기 행동의 발생이 이미 일어난 단계이다. 고위험의 단계는 예방이나 처방보다는 위기 상황에 따른 긴급한 해결이 필요한 단계라고 설명할 수

있다. 학생이 처한 위기 상황을 판단하고 학생에게 필요한 맞춤형 서비스와 치료를 제공하는 것이 필요하다.

나) 부적응 행동 강화

- 등교 거부, 학교의 징계나 통제 거부, 학업 중단 통보 등 부적응 행동이 이미 강화된 단계이다. 부적절한 성관계를 통한 임신이나 오토바이 운행 등 학업중단 현상만이 아니라 사회비행 문제로 야기할 수 있으며, 이 경우에도 겁을 내지 않으며 법적 처벌도 관계없다는 태도를 보이기도 한다. 교사나 부모가 문제해결의 노력을 해도 정작 자신은 강 건너 불구경하는 태도를 보이며 학업에 대한 의지를 드러내지 않는다.

다) 학업중단

- 본인이 이미 학업중단을 실행하고 통보한다. 그리고 나서는 부모와 교사와의 관계를 완전히 단절하며 인터넷, 게임중독 등으로 늦잠 등 불규칙한 생활습관을 보이기도 한다. 또한 범죄사건으로 인한 법적 처벌로 학업이 중단된 단계 (보호관찰 등)의 학생들도 있을 수 있다.

라) 예시적 상황

- 학교에서 나를 퇴학시키던지 말던지 전 상관이 없어요
- 부모님이 보기 싫어서 친구들과 집 나와 살아요
- 나랑 친한 친구들은 모두 학교에 안 다녀요
- 술집이나 당구장, PC방에서 보내는 시간이 젤 즐거워요
- 여자친구가 임신을 해서 돈을 벌어야 하기 때문에 학교에는 갈 수가 없어요

마) 지도방안

- 전문기관의 도움을 받아 전문적인 상담과 심리치료를 병행해야 한다. 고위험
군의 학생은 위기상황에 따른 치료나 학생 개인별 맞춤형 서비스를 필요로 하
는 단계이다. 따라서 학생이 처한 학업중단의 위기 상황을 빨리 파악하고 이에
대한 대처가 필요하다. 예를 들면, 인터넷, 게임 중독 → 전문치료 기관 연계 /
예상치 못한 임신 → 임산부를 위한 위탁형 대안학교 연계 / 경제적 어려움 →
사회복지시설 연계 등과 같다. 학업중단 학생을 위한 직업교육이나 검정고시
정보 제공도 경우에 따라 유용하다. 뿐만 아니라 학교에 출석하지 않았던 장기
결석자는 학업중단 숙려제를 통한 상담 서비스 제공받아 학업을 계속할 수 있
는 준비작업에 도움을 줄 수도 있다.

3. 학생 상담1: 접근방법

가. 학업중단 학생을 위한 상담모형

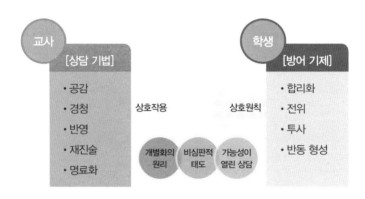

나. 학업중단 학생을 위한 상담기법

1) 공감

비슷한 상담기법으로 공감은 교사의 입장이 아닌 학생의 입장으로 생각하는 것을 말한다. 공감을 잘 하는 교사는 상담초기에 라포(rapport-'마음의 유대') 형성이 수월하다. 일반학생 상담과 달리 학업중단 학생의 상담에서는 특히 기복이 심한 감정, 남들과 다르다는 느낌, 불안한 정서와 마음을 일치하여 이해하고자 하는 노력이 무엇보다 중요하므로 이 상담기법의 활용은 가장 기본적이면서 가장 중요하다고 이야기 할 수다.

[예시]

- 너는 당구장에 가기 싫은데, 안 가면 친구들과 멀어질 것 같고 부모님은 이해를 못해주시고 중간에서 네가 참 난처하겠구나
- 친구들과 사이좋게 지내고 싶은데 친구들이 네 겉모습만 보고 멀리하니 네 마음이 정말 힘들겠구나

2) 경청

가장 쉽다고 생각하지만 생각보다 어려운 상담기법 중에 하나이다. 상담의 기본이 되는 기법이기도 하다. 경청은 학생의 말을 적극적으로 귀 기울여 들어주는 것을 말하는데, 일반학생들과는 달리 학업중단 학생들은 '문제아'라는 낙인이 있어, 학생들의 말을 '무시'하거나 '듣는 척'하거나 '선택적'으로 듣는 실수를 하기 쉽기 때문에 주의해야 할 필요가 있다. 학업중단 학생을 위한 상담에서는 말 자체뿐 아니라 의도나 감정, 문제상황이 발생한 배경까지 헤아리며 듣도록 노력하는 것이 필요하다.

[예시]

- "아~ 그렇구나", "이제야 선생님이 알겠다" 등 대화에 추임새를 넣어 이야기를 잘 듣고 있음을 표시
- "그게 네가 무단결석을 한 이유구나! 네가 솔직히 얘기를 해주니 선생님이 무슨 말을 하는지 정말 잘 알겠구나" 등 교사가 적극적으로 경청하여 대화내용을 이해했음을 표시
- (웃는 표정, 따뜻한 눈맞춤으로) "그래서 왜 지각을 했는지 계속 얘기해줄래?" 이야기에 관심이 있고 긍정적으로 이해하고 있음을 표시

3) 반영

학생의 감정, 생각, 태도(정서적 특징)를 교사의 말로 다시 설명해 주는 기법을 말한

다. 학생 내면에 깔린 심리를 파악하여 교사가 이해하고 있다는 것을 알게 함으로써 자기 이해를 돕는 방법 중에 한가지이다. 대부분의 학생들은 자신이 어떤 생각과 감정으로 그런 일탈된 행동을 알기 어려워한다. 따라서 학업중단 학생들이 처한 상황이나 어떤 사람으로 인해서 가진 부정적인 감정이나 기분 등을 상담교사가 읽어주어 그 당시 자신이 왜 그런 행동을 했는지 이해하도록 돕는 기법이라고 할 수 있다.

[예시]

 - 학생 : "엄마, 아빠가 또 싸웠어요. 그래서 학교에 오기 싫었어요"
 - 교사 : "엄마, 아빠가 약속을 어겨서 학교도 오기 싫을 만큼 많이 속상했나 보구나. 이번에는 잘 지내실 거라고 믿었을 텐데."

4) 재진술

학업중단 학생들이 상담을 할 경우 장황하게 말을 하거나 무슨 말인지 알아듣지 못하는 경우 다시 한번 말해주고 내용을 요약하는 기법이다. 학업중단 학생들은 대체로 비논리적이고 즉흥적, 감정적인 경우가 많아 자신이 무슨 생각으로 어떤 행동을 했는지 설명하기 어려워한다. 대부분 "그냥요", "몰라요 " 라는 대답이 많으므로 교사가 다시 한번 학생의 표현을 정리하고 요약하는 것이 중요하다.

[예시]

 - "그러니까 네가 하고 싶은 말이 어젯밤에 늦게 자서 아침에 못 일어나기도 했지만, 수업에 필요한 준비물을 사느라고 지각을 했다는 말이지?"
 - "선생님한테 연락을 하려고 생각은 했지만, 핸드폰도 두고 나오고 친구들한테 빌리기도 그래서 결석한 이유를 알리지 못했다고 얘기하는 거니?"

5) 명료화

학업중단 학생의 상담 시 학생이 애매한 말을 할 때 그 의미를 구체화 하는 것이다. 학업중단 학생들이 의미가 모호한 단어를 선택하여 말을 할 때, 교사는 그 말을 이해하지 못했음을 밝히거나 그 의미가 무엇인지 구체화하여 분명하게 하여 학생이 미처 생각하지 못했던 의미를 완곡하고 이해하는데 도움이 되도록 정리한다.

[예시]

- 학생: 그냥 다 싫고 너무 힘들어요. 이 세상에서 사라졌으면 좋겠어요.
- 교사: 사라졌으면 좋겠다는게 구체적으로 무슨 뜻이니? "너, 자살하고 싶다는 뜻이니?"하고 물으면, 자살을 생각하고 있지 않던 학생에게 '자살'을 생각하게 하는 계기가 될 수도 있으므로 '세상에서 사라지는게' 어떤 의미인지 말의 의미를 분명히 하게 한다.

다. 학업중단 학생이 자주 사용하는 방어기제

1) 합리화

자신의 행동을 부정확한 평계를 사용하여 남들에게 받아들여 질 수 있게끔 재해석 하는 것으로'자기변명'과 같은 것이다. 학업중단 학생들이 가장 흔히 사용하는 방어기제로 거짓말과는 그 성격이 다르다. 합리화는 자신의 변명이 허구라는 것을 인식하지 못하지만, 거짓말은 허구라는 것을 인식하고 말하는 것이다.

[예시]

- 또래 관계 형성이 어려운 학생: 요즘 학교에 질이 나쁜 애들이 너무 많아요. 학교생활에 꼭 친구가 있어야 되는건 아니잖아요? 친구들한테 나쁜 것만 배우고 싸워서 상처받고 하는 것 보다는 그냥 혼자인게 편한거죠.

- 공부를 못해서 대학을 가기 어려운 학생 : 요즘은 대학을 나와도 취업이 안되요. 등록금도 비싸서 차라리 그 돈이면 사업을 하거나 가게를 차리는게 훨씬 제 인생에 도움이 되요. 대학에 가는건 오히려 인생에 시간낭비라는 생각이 들어요.

2) 전위

자신의 충족되지 않은 욕구를 다른 대상에게 옮겨 충족하는 것을 말한다. 전위과정은 반드시 '희생양 만들기'가 따르는 양상이 있다.'희생양 만들기'란 분노감이나 적대감을 유발한 대상이 아닌, 나와 만만한 상대를 찾아 자신의 욕구를 해소하는 심리를 말한다. 학업중단 학생의 경우 전위현상이 일어나면 더 폭력적일 수 있으므로 잘 살펴야 한다.

[예시]
- 학교에 출석하지 않은 학생이 선생님에게 혼나고 나서, 어젯밤 같이 있었던 친구를 불러내어 때리거나 화풀이 하는 경우
- 오토바이 문제로 부모님과 싸우다 오토바이를 빼앗겼는데, 자신보다 힘이 약한 친구나 후배의 오토바이를 빼앗아 타는 경우
- 힘이 약해 친구들에게 늘 놀림을 받거나 괴롭힘을 당하는 학생이 지나가던 강아지를 발로 차며 화풀이를 하는 경우

3) 투사

자신에게 발생한 문제를 남의 탓이나 환경 탓으로 돌리는 것을 말한다. 학업중단 학생들은 흔히 학업중단 사유를 자기 탓이라고 생각하기 보다는 환경 탓, 부모 탓, 친구 탓이라고 생각하는 경우가 많다.

▶'합리화'와 '투사'의 차이

– 합리화 : 자기 잘못에 대한 변명이 거짓이라는 것을 인식하지 못함

– 투사 : 자기 잘못을 알면서 다른 사람 탓을 함

[예시]

- 자기가 싫어하는 학생이 아무 생각 없이 지나가다 쳐다봤는데,'나를 싫어하기 때문에 분명 내게 눈을 흘긴 것'이라고 생각함. 따라서 나를 화나게 한 것은 너 때문이니까 맞는 것은 당연하다는 행동
- 자신이 미워하는 학생이 다른 학생들과 웃고 이야기를 나누는 모습을 보고,'지금 친구들한테 내 욕을 하면서 웃고 있는게 틀림없다 ' 고 생각하여 오해하는 행동

4) 반동형성

자신의 내면에서 수용할 수 없는 충동을 반대로 적극적으로 표현하는 것이다. 학업 중단 학생들이 자신이 실제 하는 생각이나 충동이 실제로 받아들여질 수 없는 것임을 잘 알기에, 이에 대해서 정반대로 표현하는 경우가 많다.

[예시]

- 뜻밖의 임신으로 낙태 경험이 있는 여학생이 친구들과 있을 때 성관련 이야기만 나오면 저질스럽다며 화를 내는 경우
- 실제로는 친구들의 관심과 사랑을 받고 싶어 함께 어울리고 싶은 마음이 있으나 그것을 자꾸 친구들

라. 학업중단 학생을 위한 상담원칙

1) 개별화의 원리

학생 개개인이 모두 다른 각자의 개인차를 가지고 있다는 것을 인정하는 것이다. 똑같은 교실에서 똑같은 방식으로 지도를 하지만, 모범적으로 잘 듣는 학생이 있는가 하면 거부하거나 반항하는 학생도 분명 있다. 따라서 교사의 생활지도나 상담이 모든 학생들에게 동일하게 적용되지 않는 다는 것을 인정하면서,'저 애는 왜 저래?' 라는 생각보다는 '너는 이런 생각과 색깔을 가진 학생이구나'라는 개별화의 원리에 따른 접근 방법이 필요하다. 특히 학업중단 학생들은 일반학생들과 다른 강한 개성과 성격을 가지고 있는 경우가 많다. 그러므로 획일적인 방법이 아닌 각자의 성격과 정서에 맞는 맞춤식 접근 방법과 개별적 상황을 이해하는 것이 중요하다.

2) 비심판적인 태도

학업중단 학생을 위한 첫 번째 상담 원칙은 학생에 대한 편견과 선입견을 버리고 그들에 대한 긍정적 측면은 물론 부정적 측면도 이해하고 존중하는 태도이다.'친구를 이렇게 심하게 때리는 것을 보니 구제불능이야', '어떻게 부모에게 욕을 하고 대들지?', '학생 신분으로 담배를 피우고 술을 먹다니 용서받을 수 없어. 본보기로 처벌을 할 밖에' 등과 같이 학업중단 학생들의 행동에 대해 심판적인 태도로는 학생들의 마음을 열기 어렵다. 따라서 교사는 가출, 흡연, 폭력 등의 부적응 행동에 대해 섣부른 판단이나 비판을 하지 않아야 한다.

3) 가능성을 열어주는 상담

학업중단 학생들의 부정적인 측면까지 받아들이고, 학업중단 사유를 심판하지 않으며, 개인마다 차이를 인정하고 대한다면 편안하고 공감된 분위기를 조성할 수 있다. 이때 교사는 학업중단에 따라 모든 것이 끝난 것이 아니라는 미래에 대한 가능성을 제시해 주어야 한다. 그러나 '그러니까 내일부터 다시 학교에 나와.', '고등학교도 못 나와서 뭐 할거니?', '학교가 그렇게 싫으면 차라리 검정고시라도 봐 ' 와 같이 교사가 학생의 미래에 대한 정답을 주어서는 안된다. 교사는 조급함과 불안감을 버리고 학업 중단 상황해결에 대한 정보를 제공해주고 학생 스스로가 그 가능성에 대해 생각하고 선택하도록 유도해야 한다.

4. 학생 상담2: 상담기법

가. 학생-학부모 관계 파악을 위한 질문 기법

- 자녀에게 현실적인 기대를 가지고 있는가?
- 자녀가 문제해결하는 방법을 배우도록 도와주는가?
- 자녀가 말하는 것을 진심으로 듣고 확인하는가?
- 자녀가 실수했을 때 어떤 말이나 행동을 하나?
- 내 자녀의 강점과 약점을 알고 있나?
- 내 자녀는 자신이 특별하고 존중 받고 있다고 느끼고 있나?

나. 교사-학부모의 관계 설정

- 학부모는 학생의 보호자로 학생의 학교생활과 진로에 대한 이해 필요하다. 따라서 교사는 학부모가 교우관계, 진로지도, 학교생활에 필요한 파트너라는 인식을 가져야 한다.
- 학생의 개성과 성격 or 문제행동에 따라 학부모와의 관계 설정이 시급한 학생이 누구인지 빨리 파악하는 것이 중요하다.
- 교사-학부모의 관계 설정 시 가장 중요한 것은, 교사가 학생의 든든한 지원자임을 알려주며 신뢰로운 관계를 설정하는 것이다. 상담교사가 학부모 상담을 통하여 학생을 판단하려고 하거나, 적대시 한다고 느끼면 관계 설정은 실패하게 된다.

다. 문제행동이 있는 학생의 학부모 상담

1) 학부모 심리상태 파악

- 학부모는 교사를 전문가로 인식 : 부모 대신 학생 지도나 설득을 요구한다. 이 때 교사는 '정말로 자녀 지도방법을 모르는 경우'인지 '나는 다 해봤는데 안된 다 ' 는 경우인지 학부모의 심리상태를 파악

2) 문제행동이 있는 학부모 심리상태의 특징

- 오랜 시간 누적된 자녀의 문제행동으로 인한 피로감이 쌓인 상태이기 때문에 학부모는 자녀로 인해 받게 되는 대외적 스트레스로 인한 예민하다. 또한 자녀 가 앞으로 더 잘못될 수도 있다는 불안감에 휩싸여 있거나, 이 모든 상황이 혹 시 내 탓은 아닌가 하는 자책감이 들 수 있다. 또한 자신의 자녀가 남들에게 어 떻게 보일까 하는 두려움을 가지게 된다. 상담교사는 학부모의 이러한 심리상 태가 한가지 이상의 복합적 감정일 가능성도 전제해야 한다.

3) 학부모 양육방식에 대한 비판 금지

- 학생이 어떤 문제행동을 가지고 있던지 부모의 양육방법에 대해 비판은 학부 모를 협조자가 아닌 적대자로 만드는 지름길이다. 또한 부모의 양육방식에 대 해 비난조로 말하거나 교정하고자 하지 말고 부모의 답답하고 절박한 심정에 먼저 공감을 해야 한다. 지금까지의 자녀 양육에 대한 어려움을 이해하고 노고 를 칭찬하는 것을 시작으로 학부모의 긍정적 참여를 유도할 수 있다.

4) 학부모의 긍정적 참여 유도 방법

- 상담자는 자녀에 대한 부정적 각본을 바꿔주도록 노력한다. 지금 당장의 현실 이 아닌 건설적 미래에 대한 대안을 함께 찾고, 자녀의 유능한 분야에 대해 의

논하여 성공적 경험을 쌓게 해야 한다. 또한 자녀에 대한 긍정적 피드백을 주
도록 격려하고 교사는 작은 것이라도 학생의 변화를 감지하여 부모와 교감을
시도하는 것이 중요하다.

라. 다양한 유형의 학교부적응 학생 학부모 상담

1) 학생의 문제행동에 무관심한 학부모

- 성격 자체가 무던하고 말이 없는 성향의 부모인가? or 자녀의 문제행동으로
무관심해 진 것인가? 학부모 유형을 먼저 파악한다. 무관심해 보이나 문제발생
시 한꺼번에 불만을 토로할 수 있다. 따라서 부모가 무관심해 보이거나 무뚝뚝
해도 지속적인 관심을 가지고 학생의 학교생활에 대해 피드백을 해주는 것이
중요하다.

2) 문제행동이 빨리 없어지기를 바라는 학부모

- 교사는 중립을 지키고 부모의 조급함에 동조하지 말아야 한다. 그러나 부모의
심중에 깔려있는 희망과 기대심리는 수용해줘야 한다.'변화'와 '성장'은 육체
적, 인지적, 환경적 요소의 삼박자가 맞아야 가능하다는 공감대를 형성하면 이
런 부모의 조급함은 조금씩 줄어든다.

3) 자녀의 문제행동에 대해 객관적이지 못한 학부모

- 자녀의 문제행동에 대해 너무 관대해 문제가 없다고 생각하는 학부모 or 반대
로 작은 문제행동도 지나치게 과대평가 하는 등 객관적인 태도를 보이지 못하
는 학부모 유형이 있다. 어떤 경우이든 상담교사의 주관적인 관찰만으로 상담
을 하는 것은 위험하다. 이는 학부모와 공감대를 형성하기 어렵기 때문이다.
따라서 객관적이고 구체적인 사례를 상담일지에 꼼꼼하게 기록하고 이에 대한

여러 교사들의(담임교사, 생활지도 교사, 상담교사 등) 의견을 종합하여 제시하는 것이 설득력을 높일 수 있는 방법이다.

※ 유의점

- 지나치게 문제행동 위주로 상담하기 보다 대안을 제시
- 문제행동 그 자체에 대한 비판보다 학생의 가능성에 무게
- 갑작스럽게 한꺼번에 알리기 보다 문제행동 상황이 있을 때마다 상황을 인식시키고 해결을 논의

4) 교사와의 상담 자체를 두려워하는 학부모

- 자녀의 문제행동으로 교사와의 면담 그 자체를 두려워하거나 상담을 거부하는 학부모 유형도 있다. 이때 교사가 무표정하여 무뚝뚝하다고 느끼거나 신경질적으로 느끼지 않도록 주의하면서 학부모를 안심시키는 것이 중요하다.
- 교사는 말뿐만 아니라 표정, 말투, 눈빛까지도 학부모와의 대화라는 것을 전제하여, 학부모를 향해 몸을 기울여 앉아 경청하는 태도, 의견을 존중하는 신뢰로운 태도를 지니는 것이 중요하다. 가능한 학부모와 눈을 맞추며 이야기 하고 팔짱을 끼거나 다리를 꼬고 앉지 않는 등 상담교사의 태도도 주의해야 한다.
- 교사의 일방적 이야기는 상담에 도움이 되지 못한다. 무엇이든 학부모의 이야기를 경청하여 자녀에 대한 기대감을 파악하며 학부모의 두려움을 믿음으로 바꿔주려는 노력이 필요하다.

5) 학업중단 위기의 자녀를 둔 학부모

▷1단계: 학생상담을 통한 학업중단 위기 사유를 파악한다.

(개별상담 권유: 학부모와 함께 상담을 할 경우 학생이 심리적인 부담을 느껴 학생상담에 제한이 있을 우려가 있음)

▷ **2단계**: 학부모 상담을 통한 가정환경을 조사한다.

　　　　　(한부모 가정, 부부갈등, 경제적 빈곤, 부모 양육태도 등)

▷ **3단계**: 학부모의 상담에 대한 기대감을 파악한다.

(학교 복교, 검정고시 준비, 새로운 진로탐색, 답답한 현실에 대한 불안 해소 등)

▷ **4단계**: 학부모의 입장에서 공감하고 경청한다(라포 형성).

▷ **5단계**: 학업중단 위기의 자녀를 둔 학부모는 자녀를 이해하기 위해 다음과 같은 사항을 노력하고 있는지 확인한다.

－ 사춘기 자녀를 지나치게 보호하거나 간섭하지는 않는가

－ 자녀의 반항, 일탈, 방황, 사춘기 특성에 대해 잘 이해하지 못하고 스스로 조급하게 행동하며 감정적으로 접근하고 있지는 않은가

－ 아무리 부모의 말이 옳더라도 부모의 생각을 강요하는 것은 관계 형성에 도움이 되지 않으므로, 가장 필요한 것은 자녀의 생각에 대한 공감과 소통

－ 말이 아니더라도 무시하는 표정이나 눈빛, 차가운 어투로 서로 벽을 만들고 있지는 않은가

－ 아이가 좋아하는 것이나 청소년 문화에 대한 이해도가 있는가

▷ **6단계**: 학업중단 위기 해결을 위한 제도적 노력과 함께 정보를 제공한다.

3단계에서 파악한 학부모의 학생에 대한 기대를 현실적으로 해결하기 위한 제도적 노력

학업중단 위기 상황 해결에 필요한 다양한 정보를 제공하여 학생과 학부모가 선택할 수 있도록 조력

▷ **7단계**: 좋은 부모-자녀 관계 형성으로 학업중단 위기를 예방하기 위해 다음 사항들을 노력한다.

－ 사춘기 자녀와 힘겨루기 안 하기

－ 자녀의 죄책감을 이용하여 압박하지 않기

－ 모든 자녀평가의 기준을 학업성적에 두지 않기

- 인식공격으로 마음의 상처를 주지 않기

- 적극적으로 경청하고 자녀의 의견을 존중하기

▷ 8단계 : 학부모와의 지속적인 추수상담을 통한 협조

6) 학부모 상담정리 요령

- 상담의 효과는 학부모와의 친밀감과 밀접한 관련이 있다. 따라서 부모와 대화
  하는 것을 두렵고 어려워하기 보다 자주 소통함으로써 서로의 협력자로 인식
  하는 것이 중요하다.

- 상담이 끝나고 나면 추수지도(follow-up)에 신경을 쓴다. 상담 후의 변화나 학
  생-교사-학부모 관계 변화 등을 검토하여 다음 상담을 구조화할 때 근거를 두
  도록 한다. 또한 다음 상담자를 위한 상담록을 구체적으로 기록하는 것도 중요
  하다.

5. 학생상담 지원기관

가. 청소년 상담 및 복지 지원기관의 명칭

1) 주요 청소년 상담 및 복지 지원기관

〈표 1〉 청소년 상담 및 복지 지원기관 목록

연번	기관명	홈페이지 주소
1	학업중단예방및대안교육지원센터	http://www.gotoschool.re.kr
2	학교밖청소년지원센터	www.youthlove.re.kr
3	청소년상담복지센터(서울시)	www.teen1318.or.kr
4	탈북청소년교육지원센터	www.hub4u.or.kr
5	청소년쉼터(여성가족부)	http://www.mogef.go.kr/korea/view/policyGuide/policyGuide07_03_04.jsp
6	WEE 센터	http://wee.go.kr
7	중앙아동보호전문기관	http://korea1391.org
8	청소년폭력예방재단	www.jikim.net
9	청소년수련관(서울특별시)	www.youthc.or.kr
10	청소년지원센터 꿈드림(경기도)	http://gdream.or.kr
11	청소년문화의집(경기도 안산시)	www.ansan1318.or.kr
12	평생학습관(인천광역시)	http://www.ilec.go.kr/index.asp
13	다문화교육지원센터(충북교육청)	http://mc.cbe.go.kr

나. 기관별 주요 기능

청소년 상담 및 복지 지원 기관별 주요 기능을 제시하면 다음과 같다.

1) 학업중단예방 및 대안교육지원센터

① 학업중단 예방 활동

- 학교방문, 교원협의회 지원 등 학교 컨설팅
- 교원간 네트워크 형성 등 교원 연수
- 꿈키움멘토단 활성화
- 프로그램 및 매뉴얼 개발

② 대안교육 지원 활동

- 대안교실 운영 등 컨설팅
- 담당자 연수
- 매뉴얼 개발
- 국제포럼 운영

[그림 1] 학업중단예방 및 대안교육지원센터

2) 학교 밖 청소년 지원센터

① 학업중단 예방 활동

- 학교 부적응 청소년 지원 프로그램 운영

- 또래상담 지도교사 교육

- 학교 밖 청소년 지원 사업

② 대안교육 지원 활동

- 전문가 상담 및 연계서비스 등 성장 지원

- 위기 청소년 긴급구조 및 서비스 지원

[그림 2] 학교 밖 청소년 지원센터

3) 청소년상담복지센터(서울시)

① 학업중단 예방 활동

- 학교 밖 청소년 발굴
- 지역사회청소년통합지원체계(CYS-net) 활용
- 빅데이터 분석결과 활용

② 대안교육 지원 활동

- 학교 밖 청소년 자립동기 부여 및 목표설정
- 상담 및 직업체험/취업 교육 지원

- 건강진단 안내 및 지원 등

[그림 3] 청소년상담복지센터(서울시)

4) 탈북청소년교육지원센터

① 탈북 청소년 교육 지원

- 학업부진 개선

- 맞춤형 교재 보급

- 전담 코디네이터 배치

② 성인 탈북 주민 지원 사업

- NK 교사 아카데미 사업

- 탈북 학부모 자녀교육 매뉴얼

③ 종합적 지원 시스템 구축

- 중앙기관 협력체제

- 교육부 및 시 · 도교육청 협력체제 구축

- 탈북 교사들가 네트워크

④ 경제적 자립 지원

⑤ 체험학습 등 문화여가활동 지원

[그림 4] 탈북청소년교육지원센터

5) 청소년쉼터(여성가족부)

① 가출 청소년 의,식,주 등 생활 보호

② 건강검진, 의료비 지원, 법률 자문

③ 청소년 상담 전문가의 상담활동

④ 검정고시, 학업상담 등

[그림 5] 청소년쉼터(여성가족부)

6) WEE 센터

① 맞춤형 지원 프로그램 운영

- 잠재력, 학교/사회 적응력, 글로벌리더십 등

② 위기 유형별 상담

- 임상심리사의 심리검사 및 사례진단
- 전문상담사의 가정문제, 학교폭력, ADHD(주의력결핍과잉행동장애) 등

③ 장학금 지원 등 복지 혜택
④ 학습지도사를 통한 학습컨설팅

[그림 6] WEE 센터

7) 중앙아동보호전문기관

① 학업중단 예방 활동

- 아동학대 신고접수 및 현장조사

- 학대 혐의 판단 및 조치결정

- 학대 아동 정보관리

② 대안교육 지원 활동

- 보호처분 이행 관리

- 피해 아동, 학대 행위자, 가족 등 치료

[그림 7] 중앙아동보호전문기관

8) 청소년폭력예방재단

① 학교폭력 피해,가해 청소년 교육 및 상담

② 전국 학교폭력 상담전화(1588-9128) 운영

③ 학교폭력 상담치료 센터 운영

④ 심리, 의료, 법률, 장학 등 다양한 서비스 지원

⑤ 학교폭력 관련 전문기관 연계 운영

⑥ 갈등관리 등 학교폭력 화해 · 분쟁조정센터 운영

[그림 8] 청소년폭력예방재단

9) 청소년수련관(서울시)

① 청소년 동아리, 봉사, 체험 수련 활동

② 위기 청소년 교육 및 상담

③ 학교 및 지역사회 연계 활동

④ 청소년 대안교육('동그라미 학교') : 학업중단 위기 고교 학생 대상, 특성화 교과와 창의적 체험활동 실시

[그림 9] 청소년수련관(서울시)

10) 청소년지원센터 꿈드림(경기도)

① **상담 지원 :** 심리, 진로, 가족관계 등

② **교육 지원 :** 재취학, 재입학 등 복교, 진학 및 검정고시

③ **직업체험 및 취업 지원 :** 진로교육, 직업체험, 경제활동 참여 등

④ **자립 지원 :** 생활, 의료, 정서, 문화공간 지원

⑤ **기타 :** 건강증진, 지역특성화 프로그램 등 지원

[그림 10] 청소년지원센터 꿈드림(경기도)

11) 안산시 청소년 문화의 집

① 장애, 다문화 등 특성화 프로그램 운영

② 청소년 방과후 아카데미 운영 : 진로체험, 자율체험 활동 등

③ 자원봉사활동 등 특별 프로그램 운영

④ 동아리활동, 진로체험활동 등 창의적 체험활동 영역별 공공 청소년 수련시설 프로그램
운영

[그림 11] 안산시 청소년 문화의 집

12) 평생학습관(인천광역시)

① 공연, 생활파티 등 문화 프로그램 운영

② 자기주도공부법 등 학습 및 진로 특강

③ 자기관리 등 자기계발 프로그램 운영

[그림 12] 평생학습관(인천광역시)

13) 다문화교육지원센터(충북교육청)

① 학업중단 예방 활동

- 한글교실, 한국어능력시험 대비반 운영 등 교육 지원

- 기초학력제고 교육 지원

- 문화이해, 요리교실 등 타 문화 이해 프로그램

② 대안교육 지원 활동

- 공교육 진입 서비스 지원

- 초·중등 교육과정(디딤돌교육과정)별 다문화가정 학생 특별학급 운영

[그림 13] 다문화교육지원센터(충북교육청)

6. 대안학교와 대안교육

가. 대안교육의 개념

대안교육은 여러 관점에서 살펴볼 수 있다. 첫 번째로, 공교육의 안티테제로서 대안교육을 주창하는 사람들이 있다. 공교육을 거부하는 입장이다. 아이들이 학교에서 욕설과 폭력, 경쟁 등 나쁜 것을 배워온다고 보는 사람들도 있다. 두 번째로, 새로운 교육이념과 교육과정을 위해 대안교육을 해야 한다는 보는 사람들도 있다. 주로 생태주의적 교육을 해야 한다고 주장한다. 세 번째로, 학업중단청소년을 위한 대안으로 대안교육을 해야 한다는 입장이다. 당장 급한 것은 이념적인 대안교육보다 학업을 중단했거나 학업중단 위기에 놓인 학생들을 위해 대안교육이 필요하다는 입장이다.

요컨대, 대안교육은 공교육이 추구하는 경쟁이념을 배척하고 생태적 관점에서 평화를 추구하는 교육이라는 의미와 공교육의 일반적 교육과정을 이수하게 하는 것이 적절하지 않은 학생들을 위한 대안적 교육활동이라는 두 가지 의미를 갖고 있다.

나. 대안교육기관의 위상

대안교육기관은 다양한 형태를 띠고 있다. 학력인정여부를 기준으로 나눈다면 학력인정 대안교육기관과 학력비인정 대안교육기관으로 나눌 수 있다.

학력인정 대안교육기관으로는 특성화학교와 법정 대안학교(각종학교), 학력인정평생교육시설을 들 수 있다. 이 중에서 특성화학교란 다시 특성화중학교와 특성화고등학교로 나뉘고 특성화고는 다시 대안교육분야 특성화고와 직업교육분야 특성화고로 나뉘는데 전자를 대안교육기관이라 할 수 있다. 학력비인정 대안교육기관으로는 학력비인정 평생교육시설과 비인간 대안교육시설, 가정학교(재택교육, 홈스쿨링이라 불리기도 한다)를 말한다. 물론 이 모든 공간들이 다 대안교육을 한다고 볼 수는 없다. 간판은 '대안학교'이지만 대안교육을 한다고 보기 어려운 시설들도 많이 있다고 생각한다.

1) 특성화 중·고등학교의 대안교육

특성화학교는 이론적으로 1980년대 우리나라 학계에서 논의되었던 탈학교론의 영향을 받았다고 할 수 있다. 당시 비인가 대안학교(대안교육시설)들이 생겨나기 시작했다. 1995년 5.31 교육개혁안에서 "고교다양화" 방안이 발표되었다. 1990년대 중등학교 중도탈락자의 범죄율이 증가하면서 중등학교 학업중단자에 대해 정부가 관심을 갖기 시작했다. 1996년 12월에 교육부는 "학교 중도탈락자 예방 종합대책"을 수립했다. 1997년 고교설립준칙주의를 도입하였다. 사립고 설립시 학생정원을 60명 이상으로, 시설·재산 기준을 하향 인가하였다. 1997년 10월 "특성화고교 및 대안학교 설립 신청 안내"를 하면서 특성화고가 정식으로 설립되게 되었다. 결국 특성화학교는 제도화된 대안학교라 할 수 있다.

〈표1〉 특성화 중학교 현황

지역	학교명	설립주체	지정년도
광주	평동중학교	공립	'14
경기	두레자연중학교	사립	'03
	이우중학교	사립	'03
	헌산중학교	사립	'03
	중앙기독중학교	사립	'06
	한겨레중학교	사립	'06
강원	팔렬중학교	사립	'11
전북	전북동화중학교	공립	'09
	지평선중학교	사립	'02
전남	용정중학교	사립	'03
	성지송학중학교	사립	'02
	청람중학교	공립	'03
경남	남해상주중학교	사립	'15

출처: 교육부(2015.5). 대안학교 현황

<표2> 대안교육분야 특성화 고등학교 현황

지역	학교명	설립목적 및 특성화 방안	학생정원	학급(개)	지정년도	설립별(법인)	소재지
부산	지구촌고	중등교육, 기초적 전문교육, 대안교육	90	3	'02	복음	연제구
대구	달구벌고	지혜로운 인재양성, 더불어사는 민주시민육성	180	6	'03	덕성	동구
인천	산마을고	전인교육	60	3	'00	산마을	강화군
광주	동명고	자연현장 실습 등 체험위주교육	180	9	'99	동명	광산구
경기	두레자연고	다양한 체험활동을 통한 인성함양	120	6	'99	수곡두레	화성시
	경기대명고	인성교육, 노작교육, 체험중심	120	6	'02	공립	수원시
	이우고	함께 사는 삶의 실천인 육성	240	12	'03	이우	성남시
	한겨레고	북한이탈청소년들의 안정적 정착	120	6	'06	전인	안성시
강원	전인고	인성교육, 전인 지도자 양성	100	5	'05	전인	춘천시
	팔렬고	인성교육 중심	60	3	'06	이화	홍천군
	현천고	대안교육	(46)	3	'15	공립	횡성군
충북	양업고	올바른 가치관 정립 및 인성교육	120	6	'98	청주카톨릭	청원군
충남	한마음고	인성교육, 학교적응력 신장, 생태체험	120	6	'03	한마음 교육문화 재단	천안시
	공동체비전고	공동체적 전인 교육	120	6	'03	선천	서천군
전북	세인고	전인교육	180	9	'99	DIA세인	완주군
	푸른꿈고	생태학적 교육	120	6	'99	푸른꿈	무주군
	지평선고	인문학 중심 교육	40	2	'09	원진	김제시
전남	영산성지고	자연현장실습 등 체험위주 교육	120	6	'98	영산성지	영광군
	한빛고	자연현장실습 등 체험위주 교육	225	9	'98	거이	담양군
	한울고	자연현장실습 등 체험위주 교육	120	6(1)	'12	공립	곡성군
경북	경주화랑고	인성·정보·전인교육, 노작학습	120	6	'98	삼동	경주시
경남	간디학교	사랑과 자발성의 교육	120	6	'98	녹색	산청군
	원경고	심성·공동체·체험 교육	120	6	'98	원명	합천군
	지리산고	전인교육	60	3	'04	학림	산청군
	태봉고	자유롭고 유연한 교육	45	3	'10	공립	마산시

출처: 교육부(2015.5). 대안학교 현황

2) 각종학교로서의 대안학교

초·중등교육법」제60조의3에 의한 법정 대안학교는 「대안학교 설립·운영 규정」에 따라 설립된다. 설립유형은 국·공·사립이 모두 가능하다. 설립기준은 위의 대안학교 규정과 함께 학교보건법 등을 따른다. 임대도 가능한데 조건이 있다. 학생정원 일정비율 이상이 탈북청소년, 다문화학생, 학습부진아 등일 경우 교사(校舍) 임대가 가능하다. 교육상 지장이 없으면 건물, 시설도 장기 임대한 것이 가능하다. 이 때 교육환경영향평가를 거쳐야 한다. 설립인가 신청시 교육과정 운영계획서, 교직원 배치계획서를 제출하여 설립인가와 동시에 학력인정을 받을 수 있다.

수업일수는 연간 180일 이상으로 학교장이 정한다. 교육과정에 있어 국어 및 사회는 교과부장관이 정한 교육과정상 수업시수의 50%이상을 운영하여야 하며, 그 외 교육과정은 학교장이 학칙으로 정한다. 교과용 도서는 자체 개발한 도서를 사용할 수 있다.

교직원 배치에 있어 교원정원의 1/3 이내로 산학겸임교사 등을 임용할 수 있다. 국.공립 대안학교의 경우 민간에 운영위탁하는 것이 가능하다. 학생 위탁교육도 가능한데 일반학교 학생을 위탁받아 교육할 수 있다.

〈표 3〉 각종학교로서의 대안학교 현황

시도	학교명(과정)	설립구분	시도	학교명(과정)	설립구분
서울	서울실용음악학교(고)	사립	경기	TLBU글로벌학교(초·중통합)	사립
	여명학교(고)	사립		경기새울학교(중)	공립
	지구촌학교(초)	사립		광성드림학교(초·중 통합)	사립
	서울다솜학교(고)	공립	충북	글로벌선진학교(중·고 통합)	사립
인천	인천청담학교(고)	사립		한국폴리텍다솜학교(고)	사립
	인천해밀학교(중·고 통합)	공립	충남	여해학교(중)	공립
	인천한누리학교(초·중·고 통합)	공립	경북	한동글로벌학교(초·중·고 통합)	사립
광주	월광기독학교(초)	사립		글로벌선진학교문경캠퍼스 (중·고 통합)	사립
대전	그라시아스음악학교(고)	사립		산자연학교(중)	사립
	새나래학교(중·고 통합)	사립		나무와학교(중)	사립
경기	화요일아침예술학교(고)	사립	경남	꿈키움학교(중)	공립
	쉐마기독학교(초·중·고 통합)	사립		어울림학교(중)	사립

출처: 교육부(2015.5). 대안학교 현황

3) 평생교육시설

학교의 정규교육과정을 제외한 학력보완교육, 성인 문자해득교육, 직업능력 향상교육, 인문교양교육, 문화예술교육, 시민참여교육 등을 포함하는 모든 형태의 조직적인 교육활동을 하는 시설을 평생교육시설이라 하는데 이 중에 대안교육을 한다고 하는 시설들이 있다.

4) 공립시설내 대안학교

청소년수련관 등 공립시설내 대안교육사업을 펼치는 곳들이 있다. 예컨대, 도시속작은학교(서대문청소년수련관), 난나공연예술학교(강북청소년수련관), 수서디딤돌학교(수서청소년수련관), 스스로넷미디어스쿨(서울특별시립청소년정보문화센터), 하자작업장학교(서울특별시립청소년직업체험센터), 민들레사랑방(서울청소년수련관) 등을 들 수 있다.

5) 민간단체의 대안교육시설

이 외에도 부산의 우다다(우리는 다 다르다)와 같은 비인가 민간 대안학교들도 있다.

다. 대안교육을 위한 네트워크 모형

다음 그림과 같이 학업중단 위기학생을 위해 각 기관의 다양한 사업과 활동이 필요하다. 위기학생들은 성, 폭력, 게임중독, 가정해체, 학업중단과 같은 위험한 상황에 처해 있다. 이러한 문제를 해결하기 위해서 정부는 교육부를 중심으로 여가부, 통일부(탈북청소년), 법무부(비행·보호관찰 청소년 등), 보건복지부, 고용노동부 등이 나서 위기학생 지원대책을 세우고 추진해야 한다.

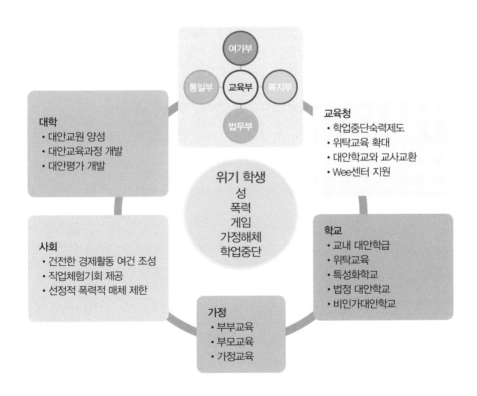

교육청은 학업중단숙려제도가 소기의 성과를 낳을 수 있도록 학교를 지원하고 위탁교육을 확대하며 대안학교와 일반학교 교사 간의 교환도 추진할 필요가 있다. 또한 위센터가 상담중추기관으로서 역할을 다하도록 지원하여야 할 것이다.

　　학교에서는 교내 대안학급으로서 '대안교실'을 운영하고 고위기학생은 적절한 위탁교육기관에 위탁교육을 보내야 할 것이다. 또한 특성화중학교와 특성화고등학교, 각종학교로서의 대안학교가 있음을 학부모와 학생에게 알려 적절한 교육을 받을 수 있도록 해야 한다. 정규학교를 그만 두더라도 민간에 여러 형태의 대안학교가 있음을 안내해야 한다.

　　가정에서는 부부교육과 부모교육, 가정교육이 정상적으로 이루어지도록 부모들도 교육을 받을 필요가 있다. 이를 위해 지자체에서는 혼인신고자들을 대상으로 이러한 교육을 할 필요가 있다. 사회에서는 건전한 경제활동여건을 조성하고 청소년들에게 직업체험기회를 제공하며, 선정적 폭력 매체에 청소년들이 노출되지 않도록 유의해야 할 것이다.

　　대학에서는 대안학교 교원을 양성하고 대안교육과정을 개발하며 대안교육기관을 평가하기 위한 도구들을 연구개발하여야 할 것이다. 이러한 다각적인 접근을 통해 대안교육이 성과를 낳고 궁극적으로 학업중단을 예방하고 위기학생들이 정상적으로 학교에 복귀할 수 있도록 도움을 줄 수 있을 것이다.

제6장

외국 사례

1. 스웨덴의 학업중단 실태

가. 왜 스웨덴인가?

1) 스웨덴은 어떤 국가로 알려져 있을까?

스웨덴은 학업중단 청소년 문제를 주요한 교육문제 및 사회문제의 하나로 여기고, 이에 대한 효과적인 정책을 추진하기 위해 노력해 온 국가 중 하나로 인정받고 있다.

2) 스웨덴은 왜 학업중단 청소년 문제에 큰 관심을 가질까?

스웨덴은 대학을 졸업하지 않아도 취업과 생활에 별다른 어려움이 없는 국가이고, 평범한 고교 졸업자에 비해 고등학교 교육·훈련 중단자들에게 보다 나은 직업 준비 및 취업 기회가 주어진다고 여기는 경향이 있다. 스웨덴 의회와 정부는 이로 인해 학업중단 학생이 더 증가하고 있다고 보고, 이를 중요한 교육 및 사회, 경제적 문제로 여기고 있다.

나. 스웨덴의 교육훈련 중단율

1) 스웨덴의 교육훈련 중단율

EUROSTAT에서 확인된 관련 통계에 따르면 스웨덴의 교육훈련중단율은 2013년 기준으로 7.1%이고, 이는 EU 27국 평균인 12.0%에 비해 4.9%p 낮고 27국 가운데 7번째로 낮은 수준이다. 스웨덴의 교육훈련중단율은 2010년에 6.5%에서 2011년 6.6%, 2012년 7.5%로 증가하였고, 2013년에는 2012년에 비해 0.4%p 감소하였다. 스웨덴은 2020년까지 10.0% 미만으로 유지하겠다는 것을 목표로 제시하였다.

2) EU 27개국의 교육훈련 중단율

2013년 기준으로 EU 27국 가운데 교육훈련중단율이 가장 낮은 국가는 슬로베니아(3.9%)이고, 다음으로는 체코(5.4%), 폴란드(5.6%), 룩셈부르크(6.1%), 리투아니아(6.3%), 슬로바키아(6.4%) 등의 순으로 낮다. EU 27국 가운데 교육훈련중단율이 가장 높은 국가는 스페인(23.6%)이고, 몰타(20.2%), 포르투갈(19.2%), 루마니아(17.3%), 이탈리아(17.0%) 등의 순으로 높다.

3) 스웨덴의 성별 교육훈련 중단율

스웨덴의 교육훈련 중단율은 남학생을 100으로 보았을 때 여학생이 74명으로, 남학생이 더 높음(2012년 기준)

〈표 1〉 EU 회원국별 교육 및 훈련 중도 중단 비율(2010－2013년)

	2010년	2011년	2012년	2013년	2020년 목표치
EU(27국) 평균	14.0	13.5	12.8	12.0	10.0% 미만
Austria	8.3	8.3	7.6	7.3	9.5
Belgium	11.9	12.3	12.0	11.0	9.5
Bulgaria	13.9	11.8	12.5	12.5	11.0
Cyprus	12.7	11.3	11.4	9.1	10.0
Czech Republic	4.9	4.9	5.5	5.4	5.5
Denmark	11.0	9.6	9.1	8.0	10.0% 미만
Estonia	11.6	10.9	10.5	9.7	9.5
Finland	10.3	9.8	8.9	9.3	8.0
France	12.6	12.0	11.6	9.7	9.5
Germany	11.9	11.7	10.6	9.9	10.0% 미만
Greece	13.7	13.1	11.4	10.1	9.7

Hungary	10.5	11.2	11.5	11.8	10.0
Ireland	11.4	10.8	9.7	8.4	8.0
Italy	18.8	18.2	17.6	17.0	15.0–16.0
Latvia	13.3	11.6b	10.5	9.8	13.4
Lithuania	8.1	7.2	6.5	6.3	9.0% 미만
Luxembourg	7.1	6.2	8.1	6.1	10.0% 미만
Malta	24.8	23.6	22.6	20.2	29.0
Netherlands	10.0	9.1	8.8	9.2	8% 미만
Poland	5.4	5.6	5.7	5.6	4.5
Portugal	28.7	23.2	20.8	19.2	10.0
Romania	18.4	17.5	17.4	17.3	11.3
Slovakia	4.7	5.0	5.3	6.4	6.0
Slovenia	5.0	4.2	4.4	3.9	5.0
Spain	28.4	26.5	24.9	23.6	15.0
Sweden	6.5	6.6	7.5	7.1	10.0% 미만
United Kingdom	14.9	15.0	13.5	12.4	N/A

* 주: 1) 2014년 4월 9일에 업데이트된 자료임.

2) 만 18–24세 사이의 청년 중 최고 학력이 취학전 교육(영유아교육), 초등교육, 전·후기 중등교육이거나 어떤 교육 및 훈련도 받은 적이 없다고 응답한 청년을 대상으로 조사한 결과임.

* 자료: European Commission, Progress in tackling early school leaving and raising higher education attainment − but males are increasingly left behind. Press release, 2013, p.4; European Commission Eurostat(검색일: 2014.9.17).

나. 스웨덴의 학업중단 원인

1) OECD가 제시한 학업중단 원인 및 해법

가) 경제적 요인

평균 20%의 청소년이 고등학교 교육을 마치기도 전에 학업을 중단하는 현상을 보임

나) 교육은 실업률 감소 및 경제성장의 중요한 수단

경제적으로 불리한 여건에 처해있는 아동들에게 투자하는 것은 사회적 형평성과 경제적 효율성을 제고함

2) 스웨덴 고등학생의 학업중단 원인

스웨덴 고등학교에서 학업을 중단한 학생의 절반이 3학년에 학업을 중단하였다. 학업중단 학생 전체의 절반 이상이 3학년 때 학업을 중단하는 이유 중 하나는 앞에서 설명하였듯이 고등학교를 이수하지 않았을 경우에 성인교육체제에서 더 많은 기회를 찾을 수 있기 때문인 것으로 조사되었다.

고등학교의 프로그램 유형별로 살펴보면, 취업 프로그램(vocational programmes)에서 학업을 중단한 학생의 비율이 23%이고, 이는 진학 프로그램(academic programmes)에서 학업을 중단한 학생의 비율(14%)보다 9%p 더 많다.

〈표 2〉 스웨덴의 고등학교 유형별 및 학년별 교육·훈련 중도 중단 비율(2005년도 입학생 기준)

(단위: %)

	Year 1	Year 2	Year 3	Total early leavers
All programmers	6%	4%	13%	23%
Academic	2%	2%	10%	14%
Vocational	3%	4%	15%	23%

다. 스웨덴의 학업중단 대책

1) 스웨덴이 추진 중인 주요 학업중단 정책

1) 학점 반복 이수(학업성취도 향상 기회 제공)

2) 학생 분류의 형평성 존중(반편성 등에서 학생 분류 제한적 허용)

3) 학교 분류의 다양성 제한(선호학교 부각 방지, 다양한 학생 분포 유도)

4) 교육재정 지원시 열악한 배경 학생 지원 확대(지자체별 자율성 확대)

5) 학업성취율이 낮은 열악한 배경의 학교 지원 강화

6) 열악한 학교에 대한 능력 있는 교사 채용 지원

라. 스웨덴의 학업중단 관련 법령

1) 학교제도

스웨덴의 학교제도는 영유아교육(한국의 유치원과 어린이집에서 실시하는 영유아 교육·보육 공통과정에 해당함, 만 5세 이하), 예비 기초교육(만 6세)과 기초교육(종합학교, 의무교육단계, 만 7세-14세, 한국의 초·중학교에 해당함), 후기중등교육(김나지움, 일반고와 직업고가 통합된 형태의 고등학교), 고등교육(초급대학과 종합대학), 성인교육 등으로 분류된다. 스웨덴의 학교제도는 단선제 학제이고, 1962년 종합학교 개혁 이후 기초교육의 평등성과 기초교육 및 후기중등교육의 통합교육을 중시하여 정착되었다.

2) 의무교육 이수 및 학업중단학생 관련 법령

가) 스웨덴 「교육법」의 원칙

스웨덴 「교육법」의 원칙은 일방적인 교육방식을 배제하고 학생, 학부모 그리고 교사가 참여하여 교육목적 및 목표를 달성하려는 방향에서 교육관련 당사자 스스로가 교육방식을 결정하는 적극적 참여형태로 이루어지고 있다.

그리고 사회적 지위 및 지리적 지역 혹은 경제적 소득에 따라 차별받지 않고 스웨덴에 거주하는 해당 교육연령의 아동들이 의무교육을 받을 수 있도록 하고 있다.

스웨덴의 의무교육은 의무취학을 의미하고, 의무 불이행 시 과태료를 부과한다(연간 최대 2만 유로). 「교육법」은 홈스쿨링을 금지하고 있지 않으나,

교육청의 승인을 받기 매우 어렵다.

나) 학업중단학생 지원 법률

「결정할 능력과 복지 권리에 관한 법률」 : 코뮌에 대해 의무교육을 받고 있는 만 20세 이하 청소년들의 고용실태에 관한 정보를 보유하고 있어야 할 책임이 있다고 명시하였다. 그리고 학업중단학생에 대한 정보를 확보하도록 규정하였고, 그 목적은 기초자치단체가 이들에게 적절한 개별화 프로그램을 제공할 수 있도록 하기 위함이다.

「개인정보처리법」의 제정 목적은 개인정보를 처리함에 있어서 문제가 발생하지 않도록 하기 위함이다. 이 법률은 개인정보(이름, 주민번호), 연락처정보(주소, e-mail 주소, 전화번호), 교육, 직업, 서비스 형태의 현재 고용과 고용예정직, 코뮌으로부터 지원받은 개별조치, 시작지점 등을 등록하도록 규정하였다.

마. 스웨덴의 학업중단 지원체제 및 프로그램

1) 학업중단학생 지원체제 구축 배경

가) 영 아웃사이더에 대한 관심

의무교육 이후에 학교교육을 받고 있지도 않고, 직업을 갖고 있지도 않고, 적극적으로 직업을 찾고 있지도 않은 한 마디로 학교제도 밖에 존재하는 청소년

최근 교육영역에서 해결해야 할 주요 문제 중의 하나로 '영 아웃사이더(설명한 학업중단학생)'의 존재를 주목하고 있다.

나) 사회경제적 불평등 재생산의 증거로 인식

만 16~24세 청소년 중 27,000여명이 학업중단학생이고, 비자발적으로 교육시스템과 노동시장 외부에 있는 것으로 나타났다. 이들 중 대다수는 후기중등학교에서 중도탈락한 학생들이고, 특히 직업계열 프로그램에 있는 학생들이다. 직업계열에 있는 학생들은 주로 노동자 계급의 자녀이거나 이민자의 자녀로 나타났다.

2) 학업중단학생 지원체제

가) 지자체의 교육훈련 중단율 감소를 위한 워크샵

스웨덴 내에서 후기중등교육 교육훈련중단율이 쟁점화되면서, 교육훈련중단율을 낮추기 위해 공동 프로젝트 등이 출범하기 시작하였다. 그 가운데 스웨덴 지방자치단체협의회(SALAR: Swedish Associations of Local Authorities and Regions, 이하 'SALAR')가 유럽사회기금(ESF: European Social Fund, 이하 'ESF')의 재원을 지원받아 진행한 'Plug-In project'는 학교교육 교육훈련중단율을 감소시키기 위해 정부차원에서 접근하고, 지자체의 경험을 공유하여 이를 공동으로 수행하려 하였다는 점에서 의의를

찾을 수 있다.

총 1억 8,000만 유로의 재원(스웨덴 정부 50%, 스웨덴 ESF 50% 부담)이 투입된 'Plug-In project'는 5개 주(예테보리, 옘틀란드, 칼마르, 베스테르보텐, 동스웨덴)의 총 55개의 지자체와 함께 공동으로 워크샵을 개최하여 학교교육 훈련중단율을 낮추고자 하는 실행계획(action plan)을 수립 및 공유하고 이를 시행하는데 초점을 맞추었다.

나) 꼬뮨의 지원체제

꼬뮨은 학업중단학생에 대한 정보를 획득한 후 이들에게 학업과 직업을 지원하기 위해 다양한 개별적 조치들을 마련하고 있다. 꼬뮨의 상황, 청소년 개인의 상황과 요구 등에 따라 꼬뮨마다 다양한 조치들을 제공하고 있다. 대표적인 조치로는 개별화 프로그램, 집중 개별화 프로그램, 이민자 대상 개별화 프로그램 등이 있고, 일부 꼬뮨들은 수업이나 실습 외에 다른 활동을 제공하기도 한다.

스웨덴의 거의 모든 꼬뮨에 해당하는 286개의 꼬뮨은 꼬뮨의 청소년 프로그램 (KUP)-협약을 체결하였다. KUP의 목표는 청소년들에게 학업과 직업으로 계속 이끌어가는 교육 경험이나 직업체험을 제공하는 것이다.

3) 학업중단 예방을 위한 방과후 프로그램

스웨덴의 방과후 프로그램은 만 6-12세까지의 초등학교 6학년생까지 제공된다. 이를 위해 1974년부터 방과후 프로그램 지도자를 정식 2년제 교육과정으로 개발하여 양성하고 있다. 성인교육과정학교인 폴크획스콜라(Folkhögskola)에서 전문 여가지도자과정을 제공하고 있다. 한 학기에 20학점씩 4학기 즉 2년 교육과정으로 80학점을 이수하면 학위수여증이 발행된다.

재미있게 노는 학생들이 성취도가 높다는 인식이 확산되었고, 점차 종합학교 방과후 프로그램과 전·후기 중등교육 단계의 청소년 시설이 각 기초지자체 단위로 확대되어 여가지도사 과정을 이수한 전문교사를 채용하는 사례가 늘고 있다.

이러한 방과후 프로그램은 학생들의 학업중단을 예방하고, 학교밖 학업중단학생의 교육·훈련 복귀를 돕는 기능을 수행하는 것으로 평가할 수 있다. 그리고 학업중단학생이 학업에 복귀하여 고등학교과정을 이수한 후 진학 및 취업을 하는 데에도 유용한 경로 역할을 할 수 있을 것으로 기대된다.

바. 관련 법령 및 정책의 특징과 시사점

1) 의무교육 및 홈스쿨링

스웨덴의 의무교육은 의무취학을 의미하고, 취학의무 불이행시 취학의무대상자의 보호자에게 벌금형을 부과하며, 홈스쿨링은 법규상 가능하나 승인권을 가진 교육당국이 빈번하게 기각하고 그 가족에게 벌금을 부과한다.

한국의 경우 의무교육은 의무취학으로 해석되고 있다는 점에서 스웨덴과 유사하다. 한국은 홈스쿨링을 전면적으로 금지하고 있는 데 비해 스웨덴은 매우 제한적으로 허용하고 있다는 점에서 약간의 차이가 있다. 그리고 한국에서 취학의무 불이행에 따른 벌금규정을 적용하여 벌금을 부과한 적은 없으나, 스웨덴은 벌금을 부과하고 있다는 점에서 차이가 크다.

2) 학교 밖 청소년 정보 수집 및 활용

스웨덴은 학교밖 청소년에 대해 다양한 정보를 수집하고 있고, 그에 관한 법률적 근거를 갖추고 있으며, 이 정보는 학교 복귀·진학 및 취업 등에 활용된다.

한국의 경우에 개인정보 수집 및 관리·활용에 관한 법률적 근거를 갖추고 있다는 점이 스웨덴과 유사하다. 다만, 취업 및 취업지원에 활용할 만한 정보가 수집되지 않고 있고, 학교 복귀 및 진학 관련 정보도 미흡하다. 이는 정보 수집 방법과 관련되어 있을 것으로 예상되며, 한국의 경우 학업중단학생에 대한 직접적인 조사·연구를 통한 개인정보 수집을 활성화할 필요가 있다.

3) 일반 지자체의 지원

스웨덴은 지자체의 학업중단에 대한 지원이 활발하고, 이는 학업중단 방지에 대한 국가적 차원의 접근과 지자체의 적극적인 참여 및 경험 공유 등에 기인한 것으로 평가된다.

한국의 경우에 학업중단 방지정책을 수립 및 추진하는 과정에 교육청은 물론이고 일반 지자체를 포함시키고, 지자체의 지원을 이끌어내기 위한 정책적 노력을 기울여야 할 것이다. 특별교부금의 일부를 학업중단 방지정책에 사용하고, 국가와 지자체간의 계약을 활성화시켜서 대응투자 또는 매칭 펀드 방식으로 지자체가 해당 사업을 마련 및 추진할 수 있도록 할 필요가 있다.

4) 학업중단 방지를 위한 기초학력보장정책

스웨덴은 학업중단의 원인 가운데 학업성취도가 낮은 점이 포함되어 있다는 점에 주목하였다. 이러한 학습 격차를 감소시키기 위해 학생 분류 및 학교 분류를 개선하고, 학교가 열악한 배경의 학생들을 지원하기에 충분한 재정을 지원받을 수 있도록 노력하고 있다.

한국의 경우에 기초학력 부진학생 및 밀집학교에 대해 필요한 인력 및 예산을 제대로 확보 및 지원하지 못하고 있다. 이는 열악한 환경의 학생 및 학교의 학업중단 현상을 가중시킬 우려가 있다. 기초학력 부진학생 및 밀집학교에 대해 실질적인 지원이 이루어질 수 있도록 기초학력보장정책을 수립하고, 이 정책 추진에 필요한 예산의 우선순위를 상향시키며, 이를 통해 학업중단을 방지하는 방안을 검토할 필요가 있다.

2. 일본의 학업중단 현황

가. 소학교와 중학교

1) 학업중단 학생수

가) 문부과학성의 부등교 학생 실태조사 결과(2013)

문부과학성의 '학생의 문제행동 등 학생지도상의 제문제에 관한 조사' 결과에 의하면, 소학교의 부등교 학생수는 24,175명으로 전체 학생의 0.36%였고, 중학교의 경우 95,442명으로 전체 학생의 2.69% 였다.

〈표 1〉 소학교와 중학교의 부등교 학생수(2013)

(단위: 명)

소학교		중학교		계	
전체 학생	부등교 학생수	전체 학생	부등교 학생수	전체 학생	부등교 학생수
6,676,920 (100.0%)	24,175 (0.36%)	3,552,455 (100.0%)	95,442 (2.69%)	10,229,375 (100.0%)	119,617 (1.17%)

나) 학업중단 계기와 지도결과

① 부등교의 계기가 된 상황

소학교의 경우 '불안 등 정신적 혼란' 35.3%, '무기력' 23.0%, '친자관계를 둘러싼 문제' 19.1%였고, 중학교의 경우 '무기력' 26.2%, '불안 등 정신적 혼란' 26.2%, '이지메를 제외한 교우관계 문제' 15.9% 등으로 나타났다.

<표 2> 소학교와 중학교의 부등교 계기 상황(2013)

(단위: %)

소학교		중학교	
• 불안 등 정신적 혼란	35.3	• 무기력	26.2
• 무기력	23.0	• 불안 등 정신적 혼란	26.2
• 친자관계를 둘러싼 문제	19.1	• 이지메를 제외한 교우관계 문제	15.9

② 부등교 학생 지도결과

부등교 학생에 대한 지도결과를 살펴 보면, '지도 중인 학생'이 69.6%, '지도결과 등
교하거나 등교할 수 있게 된 학생'이 30.4%, '계속 등교하지 못하지만 바람직한 변화
가 가능해진 학생'이 20.2%로 조사되었다. 즉, 10명 중 7명 정도로 대다수의 부등교
학생들은 지도 중에 있는 것임을 알 수 있다.

<표 3> 소학교와 중학교의 부등교 학생 지도결과(2013)

(단위: %)

구분	소학교	중학교	계
지도 중인 학생	67.1	70.2	69.6
지도결과 등교하거나 등교할 수 있게 된 학생	32.9	29.8	30.4
계속 등교하지 못하지만 바람직한 변화가 가능해진 학생	20.2	20.3	20.2

다) 부등교 이유 및 유형

부등교 학생들의 학업중단 이유와 유형은 광범위한 조사결과를 토대로 한 것이다.
부등교 학생에 대한 추적조사의 개요와 결과를 제시하면 아래와 같다.

① 부등교 학생의 추적조사 결과

[조사 개요]
- 대상 : 과거에 부등교 경험 학생 중 중학교 3학년에 재적 학생
- 기간 : 2011년 10~12월
- 응답자 수 : 28,388명

[조사 결과]
① 무기력해서 학교에 가고 싶지 않다 (43.6%)

② 몸이 좋지 않거나 약간의 불안감 때문에 (42.9%)

③ 친구의 괴롭힘이나 친구와의 인간관계 때문에 (40.6%)

④ 아침에 일어나지 못하는 등 생활리듬이 흐트러져서 (33.5%)

⑤ 학업을 따라가지 못해서 (26.9%)

⑥ 학교에 가지 않는 것을 나쁘게 생각하지 않기 때문에 (25.1%)

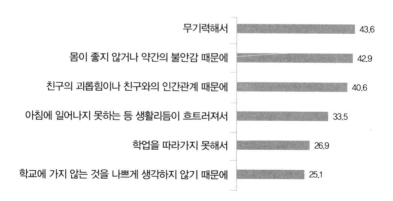

[그림 1] 부등교 이유 (단위: %)

라) 부등교 경험이 있는 학생들이 지원받은 사항

부등교 경험이 있는 중 3 학생들이 받았던 지원은 학교상담사가 34.0%로 가장 많았고, 학교 교사 29.5%, 병원 및 진료소 24.1% 등이었다.

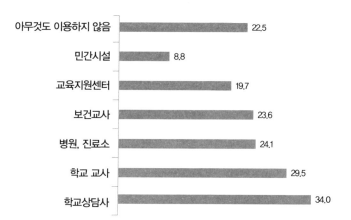

[그림 2] 부등교 경험이 있는 학생들이 지원받은 사항 (단위: %)

나. 고등학교

고등학교 학생들의 학업중단 현황을 제시하면 아래 〈표 4〉와 같다.

〈표 4〉 고등학교의 학업중단 현황(2014. 5. 1)

구분	재적자 수	이유별 장기 결석자 수				
		부등교	경제적 이유	질병	기타	계
국립	10,137	46	–	24	2	72
		0.45%	–	0.24%	0.02%	0.71%
공립	2,292,730	41,555	1,849	8,155	10,624	62,183
		1.81%	0.08%	0.36%	0.46%	2.71%
사립	1,036,854	11,553	195	4,636	1,947	18,331
		1.11%	0.02%	0.45%	0.19%	1.77%
계	3,339,721	53,154	2,044	12,815	12,573	80,586
		1.59%	0.06%	0.38%	0.38%	2.41%

1) 정부의 예방 정책

가) 문부과학성의 고등학교 중도퇴학 문제에 대한 대책

문부과학성은 고등학교 중도퇴학 문제에 대한 대책으로 다음과 같은 정책을 추진
하였다.

① 고교 교육과정 개편, 중·고등학교 진로지도 개선을 통해 고교 교육의 다양화,
순차화, 개성화
② 학생지도 충실, '참가하는 수업'과 '분리수업' 철저 등 개별지도 강화
③ 열린 고교교육을 위해 구조 정비
④ 교육위원회의 중점 역할 강화

나) 고등학교 학생 학업중단 예방 프로그램

고등학교 학생들의 학업중단에 대한 예방 프로그램은 아래 〈표 5〉와 같다.

〈표 5〉 고등학생 학업중단 예방 프로그램

프로그램명	내용
SGE	참가자들이 서로 마음을 나누기 위한 것, 활동(자기이해, 자기수용, 자기표현, 신뢰체험, 타인이해)의 내용, 순서, 시간배분은 리더가 정함
Q-U	동급생과의 관계에 대한 설문조사를 실시하고 학급특성을 이해하는 자료로 활용
Assertion Training	상대의 입장이나 권리를 침해하지 않고, 자신의 의견, 감정, 권리를 억압하지 않고 적절하게 표현하는 훈련
Role Lettering	상담기법에 기초한 것으로, 서로 글을 써보면서 서로의 마음 이해
Legal Mind	교사가 학생을 이해, 지원, 지도하는데 있어 일반사회의 상식을 인식하고 사회통념상 공평하게 이익을 조절할 수 있는 종합적 판단
Social Skill	사회생활과 인간관계에 있어서 필요한 지식, 구체적 기술 등을 익히기 위한 훈련

출처 : 이승현 외(2015). 학업중단 예방 법령제도 국제비교 및 시사점 도출 연구.

다) 관련 법령

부등교 학생에 대한 관련 법령을 요약하면 아래와 같다.

① 부등교 학생에 대한 학교장의 의무 (학교교육법시행령)

- 재학생의 출석상황을 명확히 해야 함
- 재학생이 휴일을 제외하고 계속 7일간 결석하거나 출석상황이 양호하지 않을 경우, 보호자에게 정당한 사유가 없다고 인정될 때 신속하게 그 취지를 시정촌 교육위원회에 통지해야 함
- 장기 결석자의 보호자나 취학의무를 태만히 한다고 인정되는 보호자에 대해

시정촌 교육위원회에 학생의 출석을 독촉해야 하고, 불응하는 보호자에 대한 벌금 부과

② 부등교 학생의 대안교육과정 수료 인정

    – 부등교 학생을 대상으로 특별 교육과정 실시하는 학교에 관한 지도요령(학교교육법시행규칙, 문부과학성고시 등)

라) 예방 지원체제 프로그램

① 학교 역할 강화 : 정부는 학교의 대응노력을 매뉴얼화함

    – 양호교련 역할, 보건실/상담실 등 환경 정비

    – 학교 전체적으로 교원을 지원하는 체계 충실화

    – 관련 센터와의 유기적인 제휴 협력

    – 부등교 학생 입장에서 순차적 전학 조치

    – 학내, 관계자 간 정보공유를 위해 개별지도 기록 작성

    – 학교 밖 학습상황 파악 및 학습평가 연구 실시

    – 교원의 정신의학 지식습득 등 자질향상 노력

② 교육위원회 역할

    – 교원 자질 향상

    – 보건실/상담실 정비

    – 매뉴얼 보급

    – 전학 조치

    – 졸업 후 지원책 강구

    – 교육지원센터 정비

③ **교육지원센터**

    – 상담, 적응지도 등 운영상황 개선

    – 자체 점검 및 평가, 결과 공표

    – 보호자에게 운영상황 관련 정보제공

④ **학교와 지역사회 연계체제**

    – 학교지원 네트워크 사업

       • 풍부한 마음 만들기

       • 학교-가정-유관기관 연계

       • 학교상담사 운영

    – 학교 사회복지사 사업

       • 교육위원회를 중심으로 24시간 전화상담 실시

다. 시사점

일본의 학업중단 문제에 대한 정책, 예방 프로그램, 관련 법령 등에서 시사받을 수 있는 내용을 정리하면 아래와 같다.

1) 학업중단 문제를 이지메 등 학교폭력 문제와 결부하여 접근

일본은 소학교, 중학교, 고등학교 학생들의 학업중단 문제에 대하여 오랫동안 문제상황으로 지속된 이지메 등 학교폭력 문제와 결부하여 접근해 오고 있다는 점이다. 다시 말해서 부등교 학생에 대한 추적조사 및 실태조사를 지속적으로 실시하고, 그 결과를 토대로 원인 분석, 대응방안을 마련, 제시해 오고 있다.

2) 학교 차원의 노력을 보다 강조함

일본에서는 학업중단 문제를 교육행정기관보다는 단위학교 차원의 노력을 상대적으로 더 강조하여 운영하고 있다. 이러한 노력을 간략히 요약하면, 1) 학업중단을 학교 내 문제로 접근한다는 점, 2) 교육과정 및 지도방법 개선, 교우관계 및 교사관계 개선에 주력하고 있다는 점, 3) 외부 상담기관과의 연계 운영을 들 수 있다.

3) 교육위원회 역할이 활발하다는 점

일본의 학업중단 문제에 대한 대책 활동의 특징 중의 하나는 교육위원회의 역할이 활발하고 강조되고 있다는 점이다. 교육위원회의 역할을 구체적으로 요약하면, 1) 학교 역할에 대한 지도 조언, 2) 필요 시설 정비, 대응 매뉴얼이나 판정시트 작성, 3) 인적 자원 적정 배치 등이다.

4) 학업중단 학생을 위한 대안교육에는 신중한 접근

학업중단 학생에 대한 대책에 있어서 대안교육에는 신중한 입장을 취하고 있다는 점이다. 학업중단 학생에 대한 대안교육은 학교 내에서 학업복귀 지원을 목표로 하고 있고, 주로 학교 내 상담 및 진로 지도에 중점을 두고 있다.

5) 모든 사항을 매뉴얼화함

일본의 학업중단 대책 활동의 특징 중의 하나는 모든 사항을 매뉴얼화하여 구체적이고 지속적으로 실행에 옮기고 있다는 사실이다. 즉, 학업중단 문제 해결을 위한 실천계획에 있어서 교육지원센터의 실행지침, 학교의 대응방법 등 모든 사항을 매뉴얼화 하여 운영하고 있다. 이는 우리나라 학업중단 문제 해결 및 정부 대책 활동에 시사하는 바가 크다고 볼 수 있다.

제 7 장

학업중단의
전망과 과제

학습하기

1. 정부 역할

가. 학업중단 예방을 위한 정부의 지원

학업중단 예방을 위해 정부는 "학업중단 위기 학생에 정부예산 340억을 지원"하고 있다. 정부 예산은 학업중단 숙려제 시행, 대안교실 설치, 위탁기관 운영 지원, 꿈키움 멘토링 프로그램 운영, 희망 손잡기 프로젝트, 가정형 Wee 센터 확대 및 설치, 학업중단 예방 분야에서 우수한 교육청을 선정하여 지원하는 등의 여러 사업의 재원으로서 적극 운용되고 있다.

나. 학업중단 청소년 관련 제도 정비

1) 학업중단 숙려제란?

학업중단 의사를 밝힌 학생 또는 학업중단 위기 학생에게 적정 기간(최소 2주 이상 최대 3주) 동안 숙려 기회를 부여하는 제도로써 바로 학업중단을 하는 것을 제도적으로 방지하고, 상담이나 진로체험 등 다양한 학생 참여 프로그램을 지원하여 학업중단을 예방하고자 하는 제도이다.

2) 학업중단 숙려제의 목적

학업중단 숙려제는 학업중단으로 나타나는 문제를 숙려함으로써 성급한 학업중단을 예방하고자 하는 것이 도입을 하게 된 가장 큰 목적이라 할 수 있다. 또한 학업중단 위기 학생에 대한 적극적인 개입을 진행함으로써 학생의 학교 적응력을 증진하고자 하는 것이다. 그리고 학교와 교육청, 지역사회와의 연계한 진로지도를 실시함으로써 인적자원의 유실을 최소화하기 위함이다.

3) 학업중단 숙려제의 시행배경

최근 학업중단 학생 수가 급증하였는데, 학생의 성급한 판단으로 학업중단이 발생하는 사례가 증가하고 있다. 따라서 학업중단 위기 학생이 학업중단에 대해 신중하게 생각해 볼 수 있는 기간을 부여할 필요가 있다. 즉 학업중단 이후에도 학생의 상태를 파악하여 지속적인 상담 등의 교육활동을 통해 학교로 돌아올 수 있도록 하고자 한다.

4) 학업중단 숙려제의 법적 근거

학업중단 숙려제를 제도화하기 위한 법적 근거는 먼저 「초중등교육법」 시행령 제54조에 명시되었으며 이는 학교별 학업중단 숙려제 운영에 관한 세부 사항을 결정하고 학업중단 숙려제가 법령의 취지에 맞게 운영될 수 있도록 함이다. 추가적으로는, 「초중등교육법」제28조(학습부진아 등에 대한 교육), 「초중등교육법」시행령 제31조(학생의 징계 등), 「지역사회학생통합지원체계 구성 및 운영에 관한 규정」(국무총리 훈련 제545호) 제3조(필수연계기관의 협력의무 등), 「학교생활기록 작성 및 관리지침」(교과부 훈련 239호)출결상황 관리 등에서 법적 근거를 찾을 수 있다.

다. 청소년 지원센터

학교 밖 청소년을 지원하기 위한 청소년지원센터에서는 학업복귀(해밀)와 취업 및 진로지원(두드림)의 통합프로그램인 '두드림 · 해밀'이 있다. 프로그램을 통해 학생이 느끼는 분노를 조절하는 법을 알게 하고, 자기표현의 향상 기술을 습득하게 하고, 자신의 목표를 관리할 수 있도록 하며, 학업동기를 부여하고, 구직기술의 향상이나 진로설정, 직업이해 등 다양한 지원이 이루어지고 있다. 여성가족부에서는 '두드림 · 해밀'

을 통해 자존감을 높일 수 있도록 하고 있다.

구체적으로, 학습 지원 측면에서는 검정고시 준비반을 운영하거나, 학습능력이 현저히 낮은 경우에는 추가적인 학습을 지원하고, 진로지도를 위한 지원 측면에서는 직업체험과 실습을 할 수 있도록 하고, 학교 밖 청소년이 취업이나 진로에 필요한 자격증을 취득할 때 비용을 지원하고, 직업훈련 유관기관과 연계하기도 하며, 직업훈련비 지원을 통한 전반적인 취업 지원을 하고 있다.

해밀과 두드림 프로그램의 사전과정부터 기초과정, 심화과정과 결과, 사후관리까지의 운영 단계와 세부 내용은 다음의 [그림 1]로 제시될 수 있다.

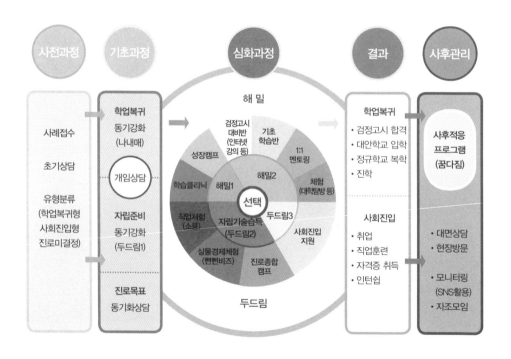

[그림 1] 두드림 · 해밀 프로그램의 운영 단계

사전과정에서는 학교 밖 청소년의 사례를 접수하고 초기 상담을 진행하며, '학업복귀형·사회진입형·진로미결정' 등의 유형으로 분류한다. 이후 기초과정에서는 학업 복귀에 대한 동기를 강화하는 동시에 자립 준비의 동기도 강화시킨다. 이를 위해 개인 상담이 이루어지며, 진로목표를 동기화하는 상담도 함께 이루어진다. 심화과정에서는 세부 프로그램별로 선택 가능한데, 해밀 1을 선택하면 학습클리닉 및 학습 성장캠프 에 참여할 수 있고, 해밀 2를 선택하면 검정고시 대비반(인터넷 강의 지원) 및 기초 학 습반 운영, 1:1 멘토링과 대학탐방 등의 체험을 지원하고, 자립기술습득을 위한 두드 림 2를 선택하면 진로종합 캠프, 실물경제 체험, 직업체험(소풍) 등이 가능하다. 두드 림 3을 선택하면 사회에 진입하는 것에 대한 지원이 이루어진다.

프로그램 단계를 거친 결과는 크게 검정고시 합격, 대안학교 입학, 정규학교 복학, 진학 등으로 확인되는 학업복귀와, 취업 및 직업훈련, 자격증 취득, 인턴십과 같은 사 회 진입으로 나타난다. 이러한 성과에 대해 사후관리를 하고자 사후적응 프로그램인 '꿈다짐'을 운영하고 있으며, 센터를 거쳐 간 학생들을 토대로 대면상담이나 학생이 적응한 현장의 방문, 모니터링(SNS 활용), 자조모임 등을 진행한다.

라. 학업중단 조기 발견 및 체계적인 예방 시스템 구축

1) 위기 학생 조기 진단 체제 구축: 학교부적응 진단도구 개발

우리나라 학교에서 학업중단 위기 학생을 체계적으로 진단하는 체제는 미흡한 상 황으로 지적된 문제이다. 따라서 학업중단 위기 징후를 사전 예측하여 대응할 수 있는 진단도구를 개발하고 매년 진단을 실시하여 학교와 교육청 차원에서 체계적으로 위 기학생 관리에 활용할 필요가 있다. 학교부적응 진단도구는 개인과 가정, 학교 등 각 영역별로 위기 학생이 다양하게 나타날 수 있는 원인을 측정할 수 있도록 구성해야 한다.

2) 학업중단 예방지원 강화 및 학업중단 집중지원학교 지정 등 관리체계 구축

학교부적응 학생에 대한 관리카드제를 도입하여, 장기결석 상황을 시·도 교육청에 수시로 보고하는 등 지속적인 관리가 필요하다. 장기 결석 학생이 급증하는 학교에 시·도 교육청의 '상시 컨설팅'을 실시할 수 있다. 아울러 담임교사나 전문상담교사, 또는 전문상담사, 진로상담교사 등을 '학교부적응 대응팀'으로 구성하여 학교부적응 초기부터 위기 관리를 하고, 학교부적응 대응 종합 매뉴얼의 개발과 보급 등을 지원할 수 있다.

마. 질 관리에 기반한 맞춤형 대안교육 기회 제공

1) 학교 안 대안교실 운영 확대

대안교실이란, 학생의 특성과 흥미, 상황을 고려하여 다양한 교육과정이나 프로그램을 운영하여 해당 학생과 상담교사가 긴밀한 상담과 다양한 활동을 하면서 학생의 변화를 도모하는 것으로 도입되었다. 미국의 경우 학교 안에 독립적인 행정체제를 갖추고, 인력 및 시설을 배치하며, 독특한 학업이나 사회성 프로그램을 운영하는 '학교 안 학교(School Within-a-School)' 프로그램을 운영하고 있는 것과 유사하다.

2) 위탁교육기관의 확대와 질 관리 체계 구축

위탁교육 프로그램 유형으로는 인성교육형, 예술체육형, 진로교육형, 직업훈련형, 교육복지형 등으로 구분이 가능하다. 이러한 프로그램은 학생들의 소질과 적성, 흥미에 맞게 개인에게 맞춤형으로 제공하도록 기반을 갖추어야 한다. 그러나 위기 학생의 특성상 교육의 효과가 단기에 나타나기 어렵기 때문에 '장기위탁교육기관'을 확대·지원할 필요가 있다. 또한 위탁교육기관의 상근 교직원들이 업무 수행에 대한 정당한 보상을 받을 수 있도록 하여 처우를 개선하는 등의 노력이 요구된다.

바. 학교 밖 청소년에 대한 체계적 지원

미진학자나 미취학자 등 학교에 다니지 않았던 경우는 정보를 얻기가 사실상 어려운 상황이다. 따라서 위기청소년을 조기 발견하기 위해 직접 학교 밖 청소년을 찾아가는 거리상담 전담 요원을 확대 · 배치하여 '거리상담 활동(아웃리치, Outreach)'를 활대할 필요가 있다. 이들은 경찰의 협조를 얻어 유흥가나 PC방, 공원 등 위기 청소년이 많이 모이는 밀집지역에 대한 정기적 수색을 하고, 이를 통해 불법행위를 방지하는 것이 필요하다.

또한 위기청소년의 불법행위 예방체제가 구축되어야 한다. 학교 밖 청소년의 위기징후 탐지를 위해 교육통계, CYS-Net 통계, 쉼터행정정보시스템, 소셜데이터 등 다양한 정보를 수집 후 위기 청소년의 동태를 분석하여 이를 사전에 예방하는 정책을 마련할 필요가 있다. 민간 중심의 '청소년유해환경 감시단'을 적극적으로 운영하여, 경찰 · 지자체 · 청소년상담복지센터 등 유관기관과의 연계를 이루고 긴밀한 협조를 강화할 수 있도록 감시단 전문 인력을 선발하고 배치함으로써 전문적 운영이 되도록 해야 한다.

2. 교육청 역할

가. 교육청에서 지원하는 다양한 프로그램

1) 희망 손잡기 프로젝트

희망 손잡기 프로젝트란, 학생의 학업복귀를 지원하기 위한 프로젝트로 시·도 교육청에서 지속적인 관심을 가지고 돌보는 프로그램을 말한다. 구체적인 활동으로 우편, 이메일, 문자메세지 등을 통하여 학생에게 학습, 취업, 직업교육, 학업복귀 등에 대한 다양한 정보를 제공하고 있다. 이는 방송중·고등학교의 운영을 활성화시키고, 학업중단 학생의 검정고시 준비 무료 과정을 운영하고, 경제적 지원 및 복지 서비스 지원을 목적으로 하고 있다.

2) 꿈키움 멘토링 프로그램

교육청 단위로 꿈키움 멘토링 프로그램을 운영하는데, 멘토단은 학업중단 위기 학생의 위기 극복을 돕는 멘토로서의 역할을 수행한다. 대학생과 직장인 등 1천명 내외의 멘토단을 공개 모집하여 구성하고 운영하는데, 대학·기업체·스포츠단과의 연계도 있다. 멘토링은 1:1, 1:다수, 다수:다수 등으로 다양하게 진행된다.

3) 가정형 Wee 센터 운영

교육청에 따라 가정의 위기, 상습 가출, 은둔형 외톨이, 비행행동 등으로 인한 학업중단 위기학생을 지원하기 위해 학생의 숙식과 대안교육, 상담지원 등을 운영하는 가정형 Wee 센터를 운영하고 있다. 현재는 대전, 인천, 울산, 경기, 충북 등 광역 시·도

교육청 차원의 운영과 순천교육지원청 등 8개의 가정형 Wee 센터가 운영 중에 있다. 대전의 가정형 Wee 센터의 경우, 입소학생의 85%가 가정과 학교에 안정적으로 복귀하는 성과를 보이기도 하였다. 교육부는 앞으로 가정형 Wee센터를 16개까지 확대할 계획이다.

4) 학업중단 예방센터 지정·운영

정부는 청소년 분야 전문기관인 한국청소년정책연구원(NYPI: National Youth Policy Institute)을 학업중단 예방 센터로 지정하였다. 해당 기관에서는 '학업중단 실태조사'를 실시하면서 학업중단 현황 및 실태를 파악하고, 학업 중단 예방을 위한 프로그램 개발 등을 지원하고 있다.

나. 우수 교육청 학업중단 예방 선도모델 개발·운영

1) 필요성 및 내용

교육청의 학업중단 정책 역량을 배양하기 위해서 교육부가 주최하고 한국청소년정책연구원이 주관하는 '학업중단 예방 우수사례 공모전'을 개최하여 평가를 통해 우수하게 운영하는 교육청을 선정한 바 있다. 우수 교육청은 다양한 학업중단 위기 요인에 대해 맞춤형으로 대응할 수 있는 특화된 프로그램을 개발하고 운영하고 있는 지역으로 선정되었다.

2) 학업중단 대책 우수사례

학업중단 대책 우수사례로 뽑힌 인천, 경남, 경북 교육청의 내용을 살펴보면 다음 〈표 1〉과 같다.

<표 1> 학업중단 대책 우수사례

① 인천	• 기초학력 미달학생 지도를 위한 인턴교사 배치 • 또래상담 및 또래조정의 활성화 • 병원 · 학교 · 사이버 학급 등 위기 원인별 맞춤형 지원
② 경남	• 유연한 교육과정을 통해 학교 적응력을 높이고 인성교육을 통해 타인에 대한 이해능력을 향상할 수 있도록 꿈키움 교실 등을 활성화
④ 경북	• 학업중단 예방을 위한 코칭 어플리케이션 개발 및 보급 • 학업중단 학생의 복귀를 위한 복지 서비스

나. 교육청 · 지자체 평가를 통한 책무성 확보

교육청과 지자체는 학업중단 예방과 학교 밖 청소년에 대한 지원을 강화하는 체제를 구축해야 할 필요가 있는데, 각 주체별로 책무성을 확보하는 것이 중요하다. 구체적으로는 시 · 도 교육청의 학업중단 예방 지원체계와 지원 프로그램, 학업중단 숙려제 운영 실적 등을 평가하여 진행할 수 있다.

2013년 시 · 도 교육청 평가에
학업중단 예방 지원
노력을 신규로 반영(3점)

2014년 평가부터
평가비중을 확대하여
평가지표에 반영(35점)

[그림 1] 교육청 · 지자체의 학업중단예방과 위기학생 지도에 대한 평가 지표

3. 학교 역할

가. 학교의 역할

1) 관찰자로서 학교와 교사

앞에서 살펴보았듯이 학업중단의 사유는 매우 다양하고 복잡하다. 그럼에도 불구하고 학업중단은 어느 날 갑자기 이루어지는 것이 아니라, 학생의 행동 그 어디선가에서 잦은 결석, 이전과는 다른 행위 등의 징후를 보이기 마련이다. 교사와 학교는 먼저 학생생활에 대한 끊임없는 관찰과 상담 등을 통해 그 징후를 가급적 빨리 찾아내야 한다.

2) 진단자로서 학교와 교사

관찰자로서 학교와 교사가 특정 학생의 학업중단 징후를 발견하였다면 그 다음은 진단자의 입장에서 가시적으로 나타난 학업 중단 징후의 내면적 원인을 찾는 것이다. 이 때 학교와 교사는 정형화된 진단도구를 사용할 수도 있으며, 가정환경 및 교우관계, 성적변화 등 가용가능한 모든 자료들을 참고하여 분석하고 진단하여야 한다. 또한 필요할 경우 학교 안과 밖의 전문가 또는 기관들의 조력을 받아야 한다.

3) 지원자로서 학교와 교사

진단자로서 학교와 교사가 학업 중단 징후가 발생한 원인을 분석하고 찾았다면 그 다음으로는 학교와 교사는 지원자로서의 역할을 수행하여야 한다. 즉, 진단결과로 도출한 원인에 맞는 맞춤형 지원이 학교와 교사에 의해 이루어져야 한다. 원인별 맞춤형

지원 방안은 아래와 같다. 다만, 이들 지원 모두에 있어서 그 핵심에는 어떠한 경우에
도 학생을 믿고 지지한다는 정서적 지지자로서의 역할이 함께 수반되어야 한다.

〈원인〉	〈지원 방향〉
· 학습 결손 →	기초학력 증진 기회 제공
· 학업 부적응, 특별한 교육 요구 →	위탁교육 및 대안교육 기회 제공
· 질병 등 건강 →	병원학교 및 화상강의시스템 제도 소개
· 경제적 어려움 →	교육복지 지원 제공
· 또래 간 갈등 →	의사소통, 사회성 증진 등의 프로그램 제공 또는 심리 상담
· 진로 고민 →	진로 · 진학 등 상담

4) 기회 제공자로서 학교와 교사

학업중단 위기의 학생들이 전술한 학교의 노력에도 불구하고 학업을 중단할 뜻을 결정하였거나 결정할 가능성이 높은 경우라도 학교와 교사는 끝까지 학생들이 최선의 길을 선택할 수 있도록 기회를 주어야 한다. 이런 이유로 정부는 지난 2014년부터 '학업중단 숙려제'를 의무화하여 위기의 학생들이 일정 기간 동안 학교 이외의 곳에서 전문상담기관 등의 도움을 받으면서 학업중단을 다시금 숙려할 기회를 주고 있다. 다만, 어떠한 경우에도 최종 판단은 학생 스스로의 몫일 수밖에 없다.

또한, 학교와 교사들은 이른바 일반 학교 내의 대안교실 확대 · 운영 또는 위탁교육제도 및 공립 대안학교제도 등을 통해서라도 학생들이 공교육의 범주에서 벗어나지 않도록 정보와 기회를 제공하여야 한다.

아울러 최종적으로 학업을 중단한 학생들이라고 하더라도 학교와 교사는 이들에게 지속적인 격려와 정보를 제공함으로써 이들이 다시금 학업을 시작할 수 있는 기회를 제공하는 역할을 수행하여야 한다. 이때의 정보는 교육에 관한 것은 물론이며

학교를 떠난 이들이 일반적인 학생들과 같이 성장함에 필요로 하는 생활, 의료, 안전, 주거 등에서 정보를 포괄한다고 할 것이다. 이를 위해서 학교와 교사는 비록 학교를 떠난 학생들이라고 하더라도 이들과의 교류를 유지하면서 필요한 정보를 축척할 필요가 있다.

나. 학업중단 예방을 위한 학교의 구체적 활동 내용과 교사-학생-학부모와의 협력

학생들의 학업중단을 예방하기 위해서는 학교는 쾌적한 학습환경 조성 지원, 학습동기부여를 위한 학생지원 확대, 교내 기본질서 확립, 학교교육에 대한 학부모 참여 확대, 학업중단 위기 학생 예방을 위한 다양한 체험 프로그램 운영 등의 구체적인 활동을 수행하여야 한다.

그리고 교사, 학부모, 학생들 역시 아래 그림과 같이 각각에 부여된 구체적인 활동을 적극적으로 수행해 나감을 전제로 이에 더하여 학교, 교사, 학생, 학부모는 끊임없는 의사소통 채널을 통해 상호협력 체계를 구축해야 한다. 아울러 이와 같은 학교공동체는 교육부, 교육청, 소속구청 등 외부환경과도 효율적인 상호 협력체계를 통해 학업중단 예방 체제를 구축하고 유지하여야 한다. 즉, 학생들의 학업중단 예방을 위해 전 사회가 함께 노력하여야 하는바, 특히 학교가 그 중심에서 학교구성원과 학교밖 환경 사이의 가교 역할을 수행하여야 한다.

교육부, 교육청, 소속구청

↑↓

학교	교사
• 쾌적한 학습환경 조성 지원: 쾌적한 자습실 및 학생쉼터 운영, 시멘트 옹벽 도색, 진로진학센터 운영, 옥상정원 조성 및 개방, 휴일 노작환경 제공, 담배연기 없는 화장실 조성 등 • 학습동기부여를 위한 학생지원 확대: 장학금 확대 및 다양한 경시대회 개최 등 • 엄격한 교칙 적용을 통해 교내 기본질서 확립 • 학교교육에 대한 학부모 참여 확대: 진학설명회 등 • 학업중단 위기 학생 예방을 위한 다양한 체험 프로그램 운영	• 전체 교직원 간 의사소통 활성화 • 학생 생활지도를 위해 다수의 교사가 협력(금연지도, 등교지도 등) • 다양한 사제동행 행사(금연, 학교 부적응 학생을 위한 산행 등) • 지각생 성찰학습 지도(학습에 도움이 되는 사자성어, 격언, 속담 반복 쓰기) • 장기무단결석 학생에 대한 가정방문(담임교사) • 학교부적응 학생에 대한 지속적인 상담(담임교사, 전문상담교사, 생활지도부 교사)

↑↓ ⇄ ↑↓

학부모	학생
• 학교운영위원회의 적극적인 활동(좋은 학교를 만들기 위한 자문) • 야간 자율학습 지도에 참여(20~23시) • 지역사회의 다양한 진로교육 프로그램에 적극 참여(학부모 진로진학아카데미 – 연중 4회) • 진로직업체험의 날 운영에 강사로 학부모 참여 • 안전하고 쾌적한 식당환경 조성을 위한 학생 중식지도에 학부모 참여(학교 직영 식당 운영에 대한 모니터링) • 쾌적한 학교 주변 환경조성을 위한 학부모 캠페인(쾌적한 학교 주변 골목길 환경 유지) • 학생 등교지도에 참관 및 모니터링	• 학생회의 좋은 학교 만들기 캠페인 • 선도부 학생들의 금연 및 지각하지 않기 캠페인 • 청소년단체 학생들의 학교 정원 가꾸기 활동 • 교내 흡연 학생 신고하기에 적극 동참 • 또래조정 학교 운영에 적극적인 참여 및 활동 • 스포츠클럽 활동에 많은 학생 참여(점심시간, 토요일) • 진로진학정보센터의 적극적인 이용(점심시간, 방과후) • Wee클래스 방문 학생 증가(수업시간 및 휴식시간)

자료: 교육부 · 인천광역시교육청 · 한국청소년정책연구원(2014). 학업중단 위기 학생을 위한 길라잡이 – 학업중단 숙려제 매뉴얼. 117면.

다. 학교내 대안교실의 운영

학교를 떠나 학업을 중단하고자 하는 학생들의 이유가 다양함에도 불구하고 공통적인 것이 있다면, 그것은 어떠한 이유이던 간에 현재의 학교교육이 이들의 요구를 충족시키지 못하거나 이들이 일상적인 학교교육을 더 이상 받을 수 없게 하는 요소를 갖고 있다는 것이다. 그런데 초등교육과 중등교육은 이른바 보통교육으로서 현대 사회에서는 선택이 아닌 필수이며, 국가는 모든 국민들이 최소한 보통교육까지는 받을 수 있도록 하여야 한다.

이것은 오늘날의 학교들은 일반적인 학교교육에 적응하지 못하는 학생들을 위한 제3의 교육프로그램을 구성하고 운영하여야할 책무를 부여받고 있음을 의미한다. 즉, 학교를 떠나지 않더라도 자신의 적성과 특성에 맞는 교육을 받을 수 있는 기회를 제공하는 것이다. 이와 관련하여 「초·중등교육법」 제28조는 "국가와 지방자치단체는 학습부진이나 성격장애 등의 사유로 정상적인 학교생활을 하기 어려운 학생과 학업을 중단한 학생들을 위하여 대통령령으로 정하는 바에 따라 수업일수와 교육과정을 신축적으로 운영하는 등 교육상 필요한 시책을 마련하여야 한다."고 규정하고 있다.

이것의 대표적인 모습이 학교내 대안교실이다. 구체적으로 학교는 학습부진·학업부진 학생들을 포함한 학교부적응 학생들을 위하여 교내에 일반적인 교육과정과 다른 대안적인 교육과정을 전부 또는 부분적으로 운영할 수 있는 대안교실을 마련하여야 한다. 특히, 학생들의 특성에 부합하는 다양한 교내·외의 프로그램을 제공함으로써 기존에 학교에서 받지 못한 교육적 배려를 제공하여야 한다.

그리고 이 대안교실의 교육활동은 철저하게 학습자의 수준, 관심, 필요, 욕구, 흥미에서 출발하는 학습자 중심의 교육이어야 한다. 또한, 단순히 학생들의 학교적응력을 높여주는 것뿐만 아니라 학생 스스로의 자존감을 높임으로서 자신의 삶을 사랑할 수 있도록 하여야 한다. 이는 학생들 스스로가 학교에서 환영받지 못하는 이방인이 아니라, 본인이야말로 학교의 주인으로서 학교의 관심과 사랑을 받는 존재임을 느끼게 하는 것에 큰 의의가 있다.

대안교실의 구체적인 모습은 운영형태에 따라 다양할 수 있다. 이 중에서도 특히 독자적인 교육프로그램을 편성·운영하는 별도의 학급 체제 형태로 지난 2013년부터 운영되기 시작한 것을 통상 대안교실로 칭하는 경우가 많다. 그리고 운영 내용에 따라 직업소양 중점형, 인성·체험 중점형, 교육·상담 중점형, 명상·힐링 중점형 등으로도 구분할 수 있다.

> • 정부 정책으로 추진되는 학교 내 대안교실이란 '정규 교육과정의 일부 또는 전부를 대체하여 대안적 교육 프로그램을 편성·운영하는 별도의 학급'을 의미함(교육부, 2014.12.25. 보도자료)
> • 2014년도 학교 내 대안교실은 전국 1,582개 초·중·고등학교(초등학교 520개교, 중학교 643개교, 고등학교 419개교)에서 17,949명의 학생이 참여했음(교육부, 2014.12.25. 보도자료).

한편, 이러한 대안교실을 운영하기 위해서는 추가적인 재원과 인력이 요구되는바 특히, 상담심리사, 청소년지도사, 사회복지사 등 전문인력과 함께 자격증 유무와 무관하게 학생들과 소통하면서 보다 폭넓은 경험을 학생들에게 제공할 수 있는 인적 자원들이 투입될 수 있는 개방된 자세가 필요하다.

4. 예방 및 대책의 연계

가. 학업중단 예방 정책

기본적으로는 학생들이 적절한 교육을 받으면서 학교생활에 잘 적응할 수 있도록 추진하는 모든 정책들이 이 범주에 속한다고 할 수 있다. 아래는 그 중에서도 특히 보다 적극적으로 학업중단을 예방하기 위하여 정부가 강력한 의지를 갖고 추진하는 대표적인 정책들이다.

1) 학업중단 숙려제

학업중단 예방과 관련된 가장 대표적인 정책은 앞에서 자세히 살펴본 학업중단 숙려제이다. 학업중단 숙려제는 2012년 6월부터 중앙정부 차원에서 청소년기의 학생들이 학업 중단을 보다 신중하게 결정할 수 있도록 돕기 위하여 추진된 것으로, 학업중단 의사를 밝히거나 학업중단 징후가 보이는 학생에게 Wee 클래스 또는 Wee센터, 청소년상담지원센터 등 외부의 전문적 상담을 받으며 숙려하는 시간을 2주 이상 갖도록 하는 제도이다. 학생들은 이 숙려기간 동안 심리검사, 상담 등 학업 복귀 프로그램에 참여하거나, 학업중단 결정이 가져올 변화에 대해 안내받고, 학업중단 결정 시 이들을 지원하는 프로그램 및 제도 등에 관한 정보를 제공받게 된다.

2) Wee 프로젝트

학업중단 예방 정책의 대표적인 또 다른 예가 지난 2008년도부터 시행되고 있는 Wee 프로젝트이다. 학교와 교육청 그리고 지역사회가 함께 힘을 모아 학생들의 건강하고 즐거운 학교생활을 지원하고자 하는 다중의 '학교안전통합시스템 구축' 사업의 하나로 시작된 Wee 프로젝트에서 Wee는 We(우리들), education(교육), emotion(감성)의 첫 자들을 모은 것이다.

즉, Wee 프로젝트는 학업중단은 물론 학교폭력 등 다양한 학교 안팎의 위험 요소에 중복 노출되어 있는 학생들에게 학교에서의 선도 · 치유만으로는 위기를 극복하기 어려움을 직시하고 학교-교육청-지역사회가 함께 협력하여 학교부적응 등 학업중단 예방, 위기학생 조기발견 및 전문적 진단-상담-치료의 서비스를 제공하는 제도이다. 이러한 Wee 프로젝트는 단위학교 수준에서의 Wee Class, 교육지원청 수준에서의 Wee Center, 시 · 도교육청 수준에서의 Wee School이 중심이 되어 수행된다.

〈1차 안전망〉 Wee클래스–단위학교	〈2차 안전망〉 Wee센터–교육지원청 유관기관 등	〈3차 안전망〉 Wee스쿨–시도교육청
단위학교 내 위기학생및 부적응 학생 조기 발견·지원	단위학교에서 선도·상담 등이 어려운 학생을 진단–상담–치료의 전문상담 서비스 제공	고위기 학생에 대한 학교·사회적응력 향상을 위한 기숙형 장기위탁교육 등 실시

출처 : 교육과학기술부 · 여성가족부(2012), 학교 밖 청소년을 줄이기 위한 「학업중단 숙려제」도입, 보도자료(2012.5.25.)

[그림 1] Wee 프로젝트 단계별 지원체계

3) 대안교실 및 대안학교

전 차시에서 언급한 학교내 대안교실과 함께 대안학교제도도 학업중단 예방을 위한 중요 정책 중 하나이다. 다만, 여기서의 대안학교는 비인가시설은 제외한다.

교육당국은 지난 1997년 12월에 제정된 「초 · 중등교육법」 및 동법 시행령을 통해 '교육과정의 운영 등을 특성화할 수 있는' 특성화중학교 및 '자연현장실습 등 체험위주의 교육을 전문적으로 실시하는' (대안교육)특성화고등학교를 통해 정규학교 속에서의 대안교육을 일부 제도화한 바 있다. 2002년 지정된 성지송학중 등 10여개의 중학교와 1998년도 설립된 충북 양업고, 영산성지고 등 30여개의 고등학교가 여기에 해당한다.

아울러 2005년에 신설된 「초·중등교육법」 제60조의3 및 2007년 6월 제정된 「대안학교의 설립·운영에 관한 규정」을 통하여 '학업을 중단하거나 개인적 특성에 맞는 교육을 받으려는 학생을 대상으로 현장 실습 등 체험 위주의 교육, 인성 위주의 교육 또는 개인의 소질·적성 개발 위주의 교육 등 다양한 교육을 하는' 초등학교부터 고등학교급까지 각종학교로서의 대안학교제도가 새로이 도입되었으며, 이후 동 규정의 개정 과정을 통해 점차적으로 대안학교 설립의 문호를 개방하여 가고 있다.

4) 위탁교육제도

「초·중등교육법」 제28조는 학습부진이나 성격장애 등의 사유로 정상적인 학교생활이 어렵거나 학업을 중단한 학생들을 위하여 대통령령으로 정하는 바에 따라 수업일수 및 교육과정을 신축적으로 운영하는 등 필요한 교육적 시책을 마련하도록 규정하고 있는바, 이에 근거하여 동법 시행령 제54조는 교육감이 정하는 기준에 따라 학교의 장이 해당 학생에 대한 판별을 행한 후, 이들에 대하여 교육감이 정하는 수업일수의 범위 안에서 체험학습 등 필요한 교육을 실시하거나 교육감이 적합하다고 인정하는 교육기관 등에 위탁하여 교육을 실시할 수 있도록 규정하고 있다.

이에 따라 전국 시·도교육청들에서는 지난 2003년부터 학교부적응학생 및 학업중단자 등을 대안학교 등에 위탁교육을 시키는 이른바 '대안학교 위탁교육제도'를 운영하고 있다.

위탁형 대안학교는 2001년 3월 서울시교육청이 학력 인정 평생교육시설인 성지고, 청량징보고, 한림실업고의 3개교를 위탁형 대안학교로 지정하면서 본격화되어 오늘에 이르고 있다. 또한 서울시는 대안교육종합센터의 개설과 함께 이 센터가 직접 운영하는 우리나라 최초의 공립 위탁형 대안학교인 '꿈타래'를 설치하기도 하였다. 그리고 이 위탁형 대안학교의 지정 및 운영에 관한 사항은 교육감의 권한에 속하는바, 16개 시·도는 각각 교육규칙으로 「대안교육기관의 지정 및 학생 위탁 등에 관한 규칙」 또는 「대안교육 운영 및 학력 인정 등에 관한 규칙」을 제정하고 있으며, 구체적 시행은 「대안교육 위탁교육 운영 지침」 등을 별도로 마련하고 이에 따르도록 하고 있다.

(이혜영·황준성·강대중·하태욱(2009). 대안학교 운영 실태 분석 연구. 63면).

구체적으로 대안학교 위탁교육제도는 교육감에 의해 지정된 기관에 학교장이 대상자를 선정·의뢰함으로써 이루어진다. 이와 같은 위탁제도에 따르면 위탁 대상자들은 원래의 학교에 적을 그대로 유지한 상태에서 실제 교육활동만 지정된 교육기관에 받게 된다. 따라서 이 제도는 학생 개개인의 특성 및 요구 그리고 상황에 부합하는 교육을 탄력적으로 받으면서도 원적교의 졸업장을 인정받는다는 점에서 학업중단에 의해 야기되는 문제점을 사전에 효과적으로 예방할 수 있는 장점이 있다. 이와 같은 위탁교육은 현재 비인가 대안교육시설 등 제도권 교육 밖의 기관들에 의해서도 이루어진다는 점에서 공교육 안팎의 '가교' 역할을 하고 있다고도 할 수 있다.

나. 학업중단 청소년 지원 정책

학업중단 청소년 지원 정책은 교육부만의 일은 아니며 다양한 정책이 범정부 차원에서 수행되고 있다. 여기서는 CYS-Net 사업, 꿈드림, 청소년 특별지원 사업, 청년층 뉴스타트 프로젝트를 중심으로 살펴본다.

1) CYS-Net 사업

CYS-Net(Community Youth Safety Network) 사업은 지역의 가용 가능한 모든 인

적·물적 자원을 연계하여 위기의 청소년을 효과적으로 지원하고자 하는 사회안전망 사업이다. 지역사회 청소년 통합 지원 네트워크 운영 사업이라고도 할 수 있는 이 사업은 여성가족부 주관으로 추진되고 있는데, 학업중단 청소년을 포함한 모든 위기의 청소년을 대상으로 삼는다. 특히, 위기 상황에 처한 청소년들을 빨리 발견하고 구조 치료함으로써 이들이 건강한 시민으로 성장할 수 있도록 돕는다는 측면에서 학업중단에 따른 위기에 직면한 학생들 또한 직접적인 대상이 된다고 할 것이다.

이 사업은 청소년상담복지센터를 운영기관으로 하여 학교·교육청, 경찰청·노동청·보건소 및 국·공립 의료기관, 청소년쉼터, 청소년지원시설을 필수기관으로 지정하여 연계·협력을 하고 있다. 구체적으로 지역연계협력사업, 청소년전화 운영, 청소년상담 및 활동지원, 위기청소년 긴급 구조 활동, 일시보호시설 운영, 교육·자립 등의 서비스 제공 사업을 수행하고 있다.

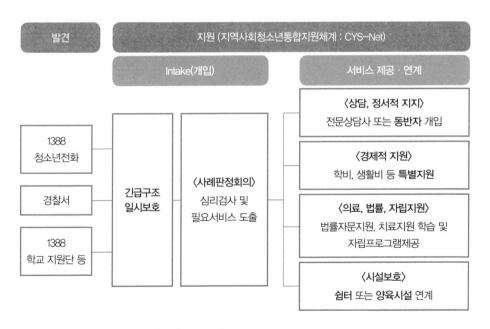

출처: http://www.mogef.go.kr/korea/view/policyGuide/policyGuide07_03_01.jsp

[그림 2] CYS-Net 사업 서비스 지원절차 체계도

2) 꿈드림

꿈드림은 기존 두드림·해밀사업이 2014년「학교 밖 청소년 지원에 관한 법률」제정에 따라 '학교 밖 청소년 지원사업'으로 전환된 것이다.

> 두드림·해밀사업은 '학교밖청소년지원센터'라는 이름 아래에 2004년부터 시작되었던 학업중단청소년 지원 목적의 헤밀 센터(Hemil Center) 사업과 2007년 시작된 청소년 자립준비 아카데미인 두드림존(Do Dream Zone) 프로젝트 시범운영 사업이 2013년부터 통합 운영된 것이었다.

이 사업은 9세부터 24세까지의 학교 밖 청소년(입학 후 3개월 이상 결석하거나 취학의무를 유예한 청소년, 제적·퇴학처분을 받거나 자퇴한 청소년, 상급학교에 진학하지 아니한 청소년)을 대상으로 전국 청소년지원센터 '꿈드림'이 이들의 새로운 출발을 돕기 위한 다양한 서비스 제공 정책이다.

주요 서비스 내용으로는 ㉠상담지원(초기상담 및 욕구파악, 심리·진로·가족관계 등의 상담), ㉡교육지원(재취학, 재입학 등의 복교지원, 상급학교 진학지원, 검정고시 지원 등), ㉢직업체험 및 취업지원(진로교육활동, 직업체험, 경제활동 참여 등), ㉣자립지원(생활지원, 문화공간지원, 의료지원, 정서지원 등), ㉤기타서비스(건강증진서비스, 지역특성화프로그램 등)이 있다.

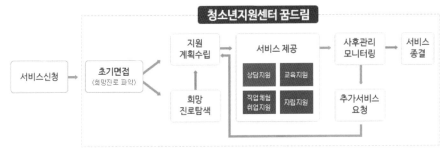

출처: http://www.dodreamhaemil.or.kr/sub01_1_2.asp?menuCategory=1

[그림 3] 꿈드림 서비스 지원단계

3) 청소년 특별지원 사업

청소년 특별지원 사업은 「청소년복지지원법」에 근거하여 2008년부터 여성가족부가 추진하고 있는 사회적, 경제적 지원 사업이다. 동법 제14조는 '위기청소년 특별지원'에 관하여 규정하고 있는바, 제1항에서 국가 및 지방자치단체가 정상적인 삶을 영위할 수 있는 기본적 여건이 조성되어 있지 못한 위기청소년에 대해 사회적·경제적 지원을 할 수 있는 근거를 둠에 이어 제2항에서 생활지원, 학업지원, 의료지원, 직업훈련지원, 청소년활동지원 등의 지원의 종류를 제시하고, 지원 내용에 따라 물품 또는 서비스 지원을 원칙으로 하되 필요하다고 인정되는 경우에는 금전의 형태로도 제공할 수 있도록 하고 있다. 특히, 동법 시행령 제8조는 「초·중등교육법」 제2조에 따른 학교에서 학업을 중단한 청소년'을 특별지원 대상 청소년 선정 기준의 하나로 명시하고 있다.

4) 청년층 뉴스타트 프로젝트

교육지원과 직접적인 관련은 없지만, 고용노동부가 주관하는 '청년층 뉴스타트 사업'이 있다. 이 사업은 학업중단 청소년들을 포함하여 학력·경력 등이 부족하여 취업에 어려움을 겪고 있는 청년층을 대상으로 하는 국가 수준의 공적 취업지원 사업이다.

5) 기타

앞에서 제시한 사업들 이외에도 여성가족부의 '학교 밖 청소년 통합지원 프로그램' 및 '학생·학부모 교육 및 자립지원', 고용노동부의 '사회진출 지원을 위한 취업프로그램', 법무부의 '비행·범죄학생의 교육기회 제공' 및 각 지방자치단체별로 추진되는 다양한 지원 정책 등도 있다. 또한, 「평생교육법」에 의한 (학력인정)평생교육시설, 그리고, 법외 기관인 비인가 대안교육시설, 검정고시제 등도 학업중단 청소년들에게 그 형식과 무관하게 교육을 이어갈 수 있도록 하는 중요한 역할을 수행하고 있다.